敏満寺は中世都市か？

—戦国近江における寺と墓—

多賀町教育委員会 編

1　金銅三角五輪塔（胡宮神社蔵・重要文化財）

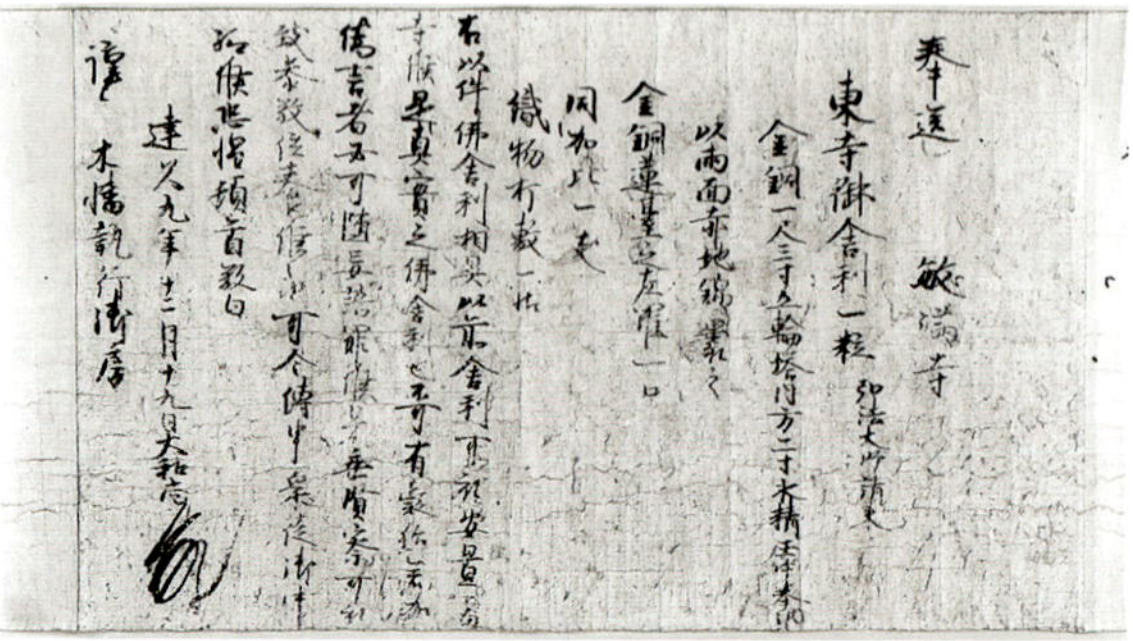

2　舎利寄進状（胡宮神社蔵・重要文化財）

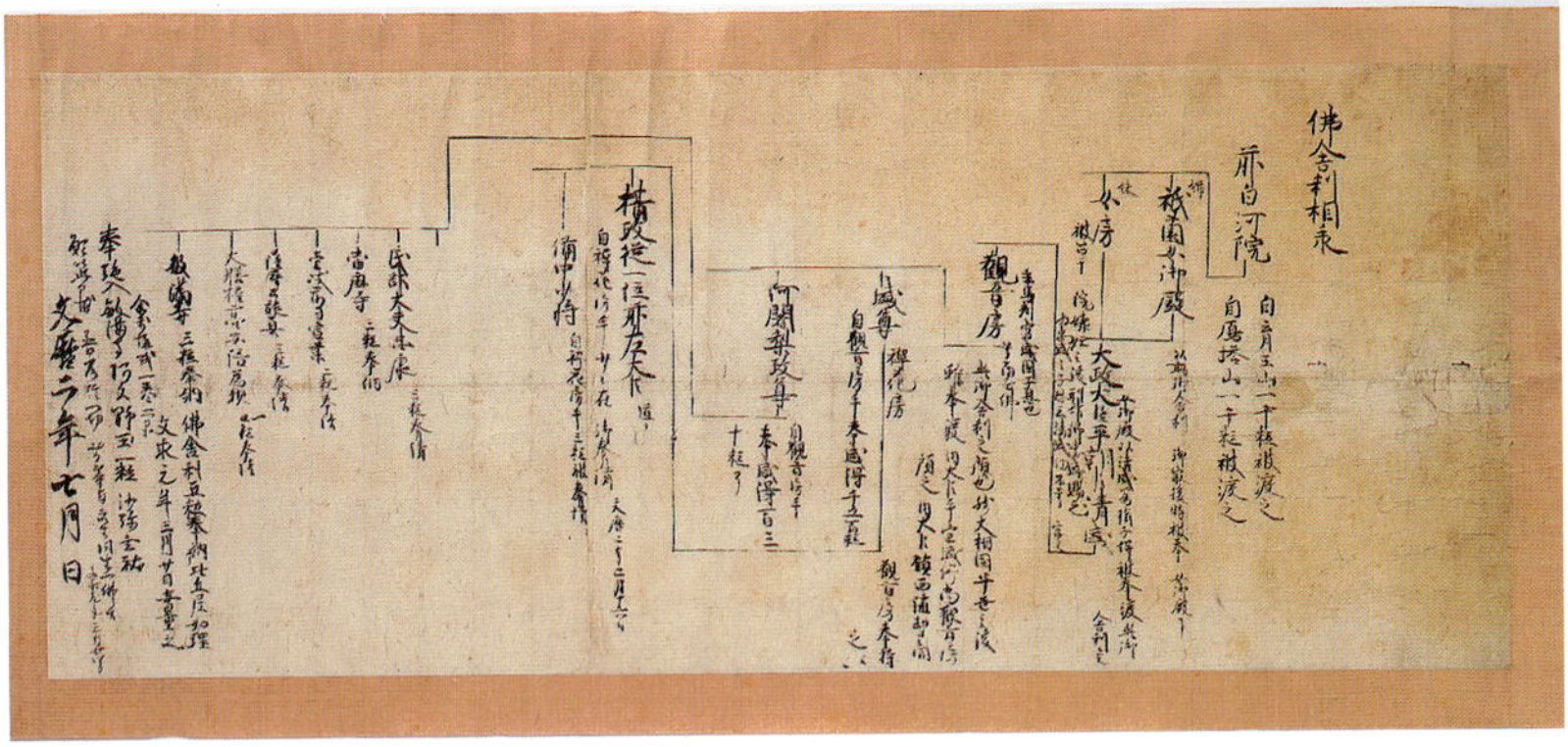

3　仏舎利相承図（胡宮神社蔵・多賀町指定文化財）

仏舎利相承

前白河院

自育王山一千粒被渡之、
自雁塔山一千粒被渡之、

姉
祇園女御殿

以此御舎利、御最後時被奉　女御殿了、

妹
女房

被召于　院懐妊之後、刑部卿忠盛賜之、
為忠盛之子息、云清盛、仍不号　宮矣、

大政大臣平朝臣清盛

女御殿以清盛為猶子、併被奉渡此御舎利矣、

観音房号南無仏

主馬判官盛国子息也、

此御舎利之預也、然大相国早世之後、
雖奉渡内大臣平宗盛卿、尚観音房
預之、内大臣鎮西随却之間、
観音房奉持之云々、

盛尊
禅花房

自観音房手、奉感得千五百粒、

阿闍梨政尊

自観音房手、
奉感得百三十粒了、

摂政従一位前左大臣道ノ

自禅花房手、少々在御奉請、

文暦二年二月十六日

備中少将自禅花房手、三粒被奉請云々、

民部大夫忠康三粒奉請、

当麻寺三粒奉納、

壱岐前司宣業二粒奉請、

薩摩公能真三粒奉請、

大膳権亮安倍為親一粒奉請、

敏満寺三粒奉納、仏舎利五粒奉納、比丘尼如理
文永元年三月廿日安置之、

舎利講式一巻二品

奉施入敏満寺阿久野玉一粒、沙弥玄祐
願以此申状、普及於一切皆等、与衆生同生一仏土、
文永元年三月廿四日

文暦二年七月日

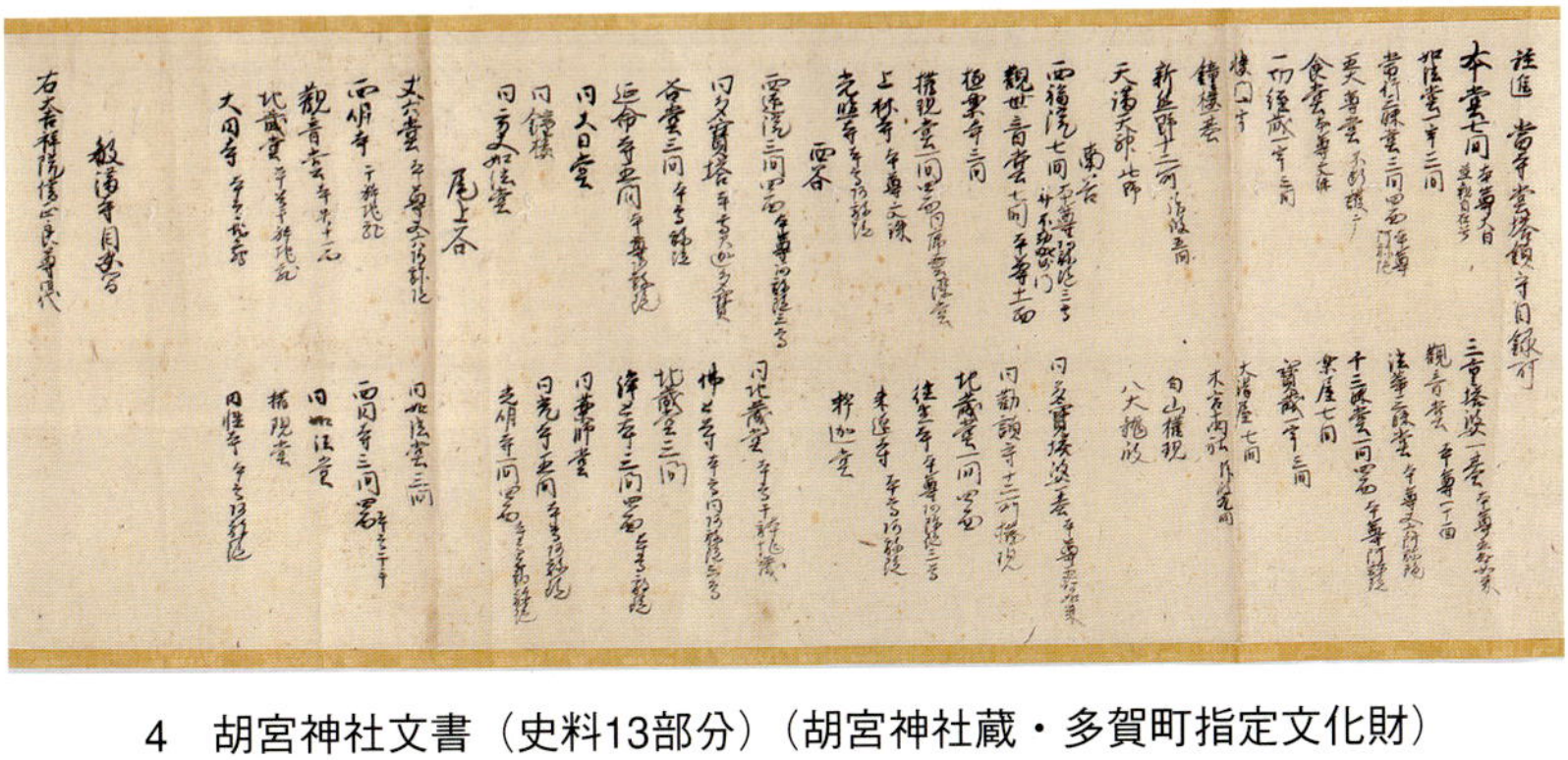

4　胡宮神社文書（史料13部分）（胡宮神社蔵・多賀町指定文化財）

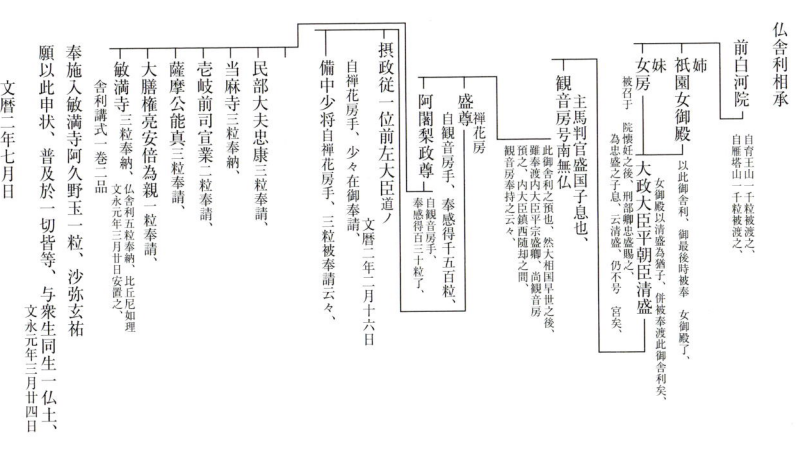

5　多賀大社参詣曼荼羅図（多賀大社蔵・多賀町指定文化財）

5の部分拡大図（本文31頁参照）

6　多賀大社参詣曼荼羅図（多賀大社蔵）

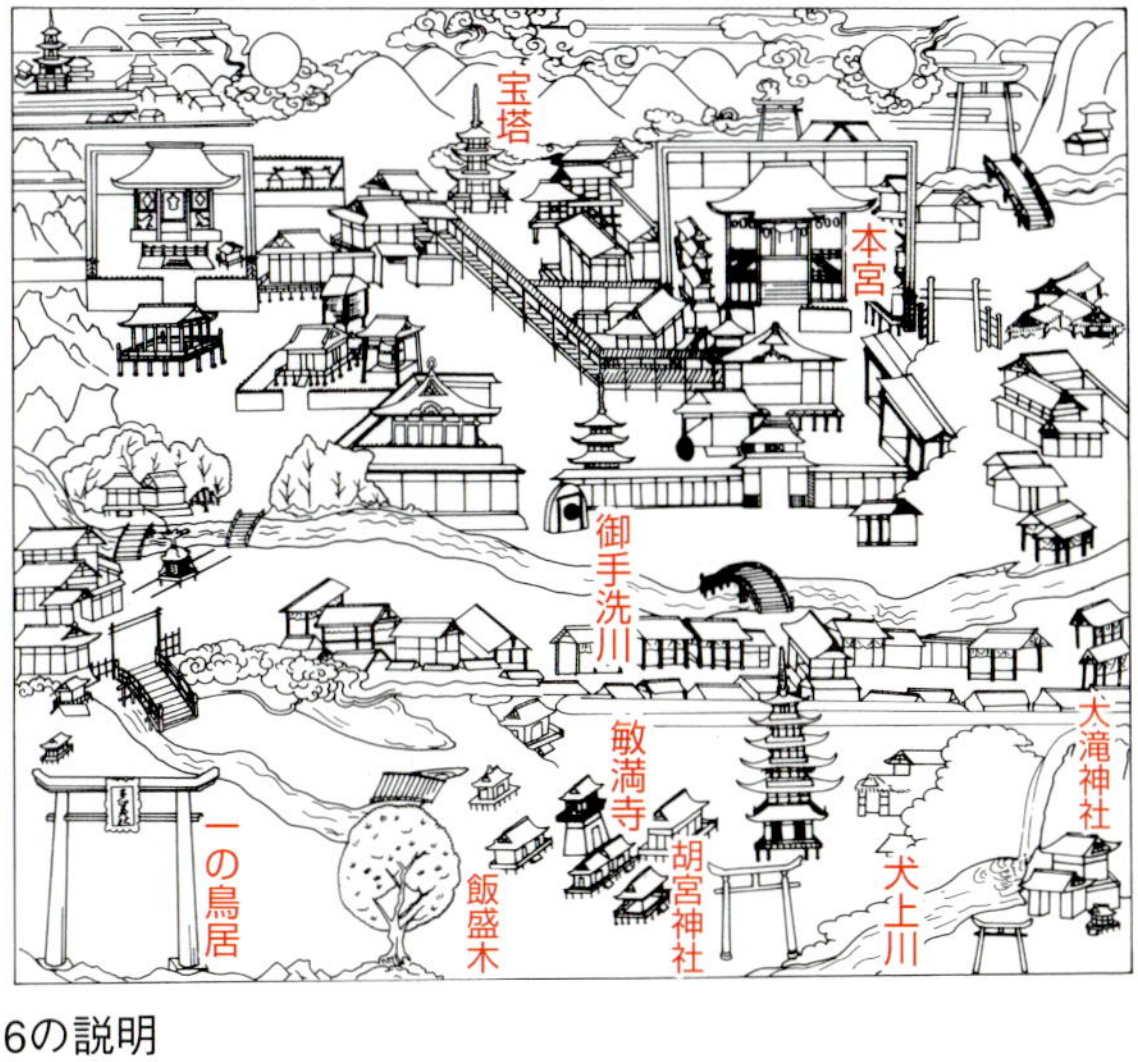

6の説明

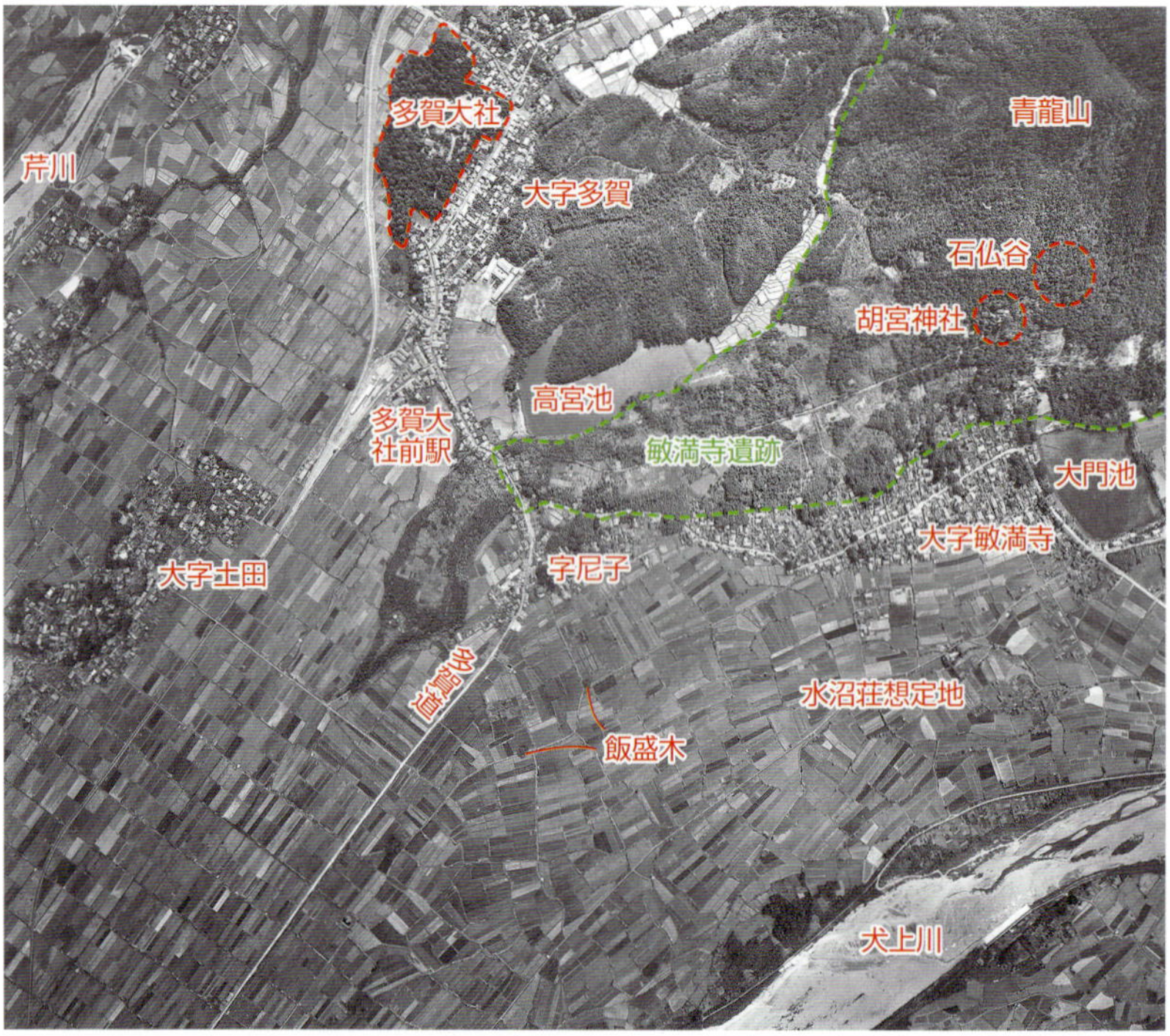

7　昭和36年当時の敏満寺遺跡周辺（KK-61-5-C13-6321）国土地理院撮影

8　敏満寺石仏谷墓跡（国史跡指定）の現状

瀬戸焼四耳壺（蔵骨器）

金銅製錫杖頭

蔵骨器と火葬骨

常滑焼大型壺を穴の中に逆さまに埋めて、その中に火葬骨を入れる。底部と体部の一部が欠損し、その部分には、別の個体の底部片、体部片で蓋をする。

9　敏満寺石仏谷墓跡出土遺物

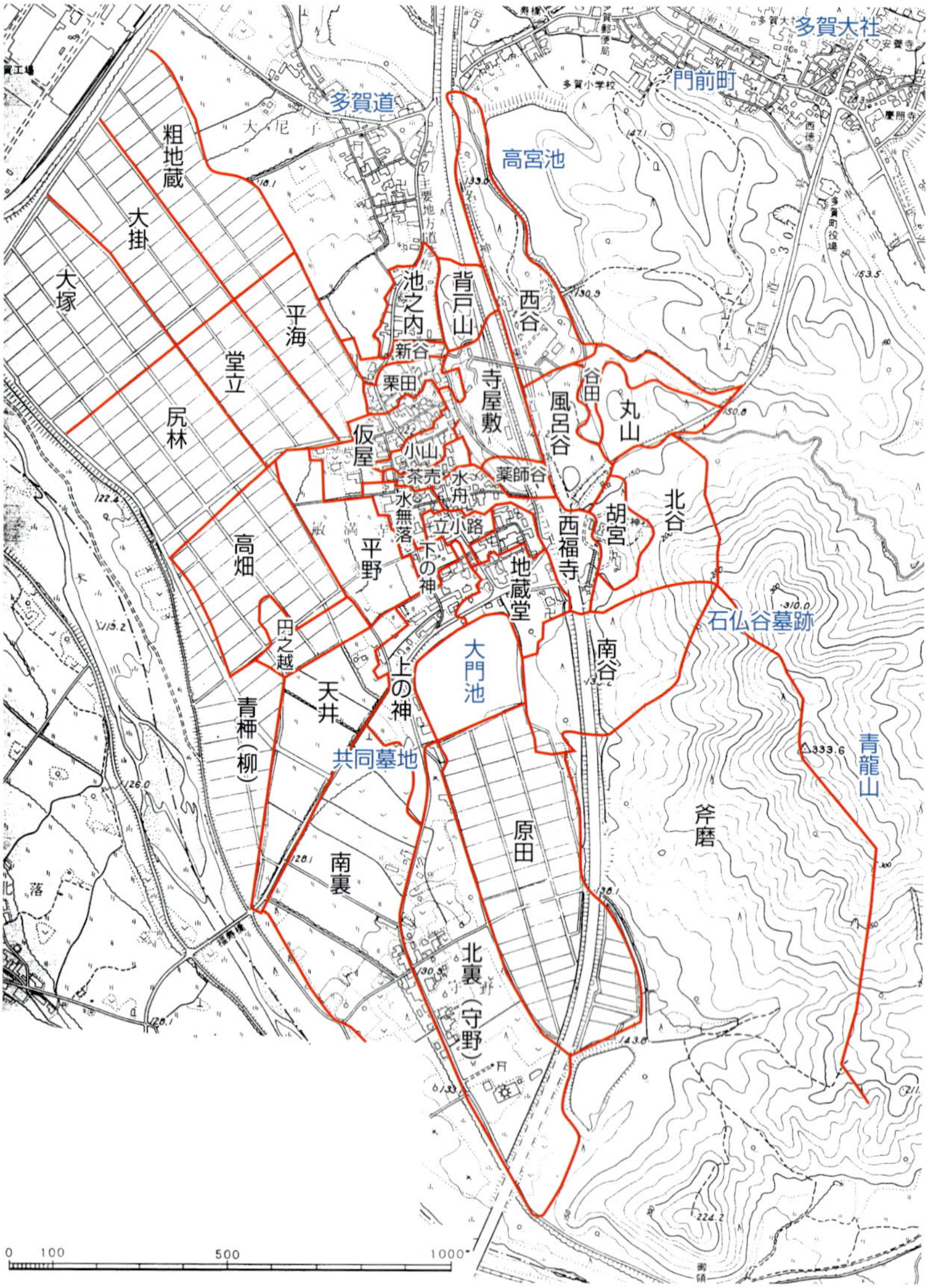
多賀大社
門前町
多賀道
高宮池
粗地蔵
大掛
大塚
平海
堂立
尻林
高畑
円之越
青柿（柳）
天井
共同墓地
南裏
北裏（守野）
原田
大門池
上の神
平野
下の神
水無落
茶売
小山
仮屋
栗田
新谷
池之内
背戸山
西谷
寺屋敷
風呂谷
谷田
丸山
薬師谷
水舟
立小路
西福寺
胡宮
北谷
地蔵堂
南谷
石仏谷墓跡
青龍山
斧磨
0 100 500 1000

10　敏満寺小字図

はじめに

多賀町教育委員会　教育長　松　宮　忠　夫

敏満寺石仏谷墓跡は、平成十七年七月、文化庁より国史跡に指定されました。この墓跡が中世の墓地として貴重な遺跡であることが広く国民に知らされたのです。多賀町教育委員会では、今後、計画を立て保存整備に積極的に取り組む予定をしております。

ところで、敏満寺という寺院は、現存しておらず、史料もほとんど残っていないため謎の多い寺院で、歴史の中から消えてしまっていました。しかし、最近の発掘調査や地元の方々の積極的な地域史への取り組み活動により、徐々に敏満寺が解明されてまいりました。また近年、研究者の間でも大変注目されるようになり、石仏谷墓跡の国史跡指定は、その成果であると考えております。

そこでその成果の一部を企画展示として紹介しました。この展示は、歴史学の最新の調査研究から敏満寺を捉えなおしてみようとするものです。本書は、展示期間最終日に開催されたシンポジウム「敏満寺は中世都市か?」の記録を中心にまとめたものです。できるだけ、わかりやすくまとめるように努めました。

近江の中世を代表する敏満寺遺跡の謎解きの一助になればと思い、本書を刊行させていただきます。

最後になりましたが、㈶滋賀県文化財保護協会、東近江市教育委員会（旧愛東町教育委員会）、石塔寺、百済寺、引接寺、高松寺、胡宮神社、敏満寺区および敏満寺史跡文化保存会の方々には多大なご協力をいただきました。記してお礼申し上げます。また、シンポジウムにパネラーとして参加しご講演いただいた先生方、シンポジウムでご発言いただき、本書に快く寄稿いただきました先生方にもあわせてお礼申し上げます。

特に、シンポジウムのコーディネートをお願いした仁木宏先生には、本書をまとめるにあたり、編集・総括にご尽力いただきました。重ねてお礼申し上げます。

平成十八年三月に逝去されました松澤修先生には敏満寺遺跡の発掘調査、史跡指定、二回のシンポジウム等、大変お世話になりました。本書への寄稿が最後となられましたこと、誠に残念ではありますが、心から感謝いたしますとともに、ご冥福をお祈り申し上げます。

目次

敏満寺へようこそ

仁木　宏

滋賀県の東部、岐阜県・三重県に接する山ぎわに多賀町は位置します。多賀大社で有名な町です。この多賀大社の近くに、中世、敏満寺という大きな寺院がありました。

鎌倉時代のはじめ、奈良東大寺を再興したことで著名な重源上人とのかかわりをもち、室町時代にはたくさんの堂塔が建ちならんで栄えた敏満寺でしたが、戦国時代、浅井長政、ついで織田信長によって焼き討ちにされ、その歴史の幕を閉じたと伝えられています。

江戸時代には、胡宮《このみや》神社を中心に、わずかに残った院坊が敏満寺の歴史を継いでいましたが、昭和三〇年代、名神高速道路の新設にともない、旧寺域の大半は多賀サービスエリアの地下に眠ることになりました。

その敏満寺が、最近、脚光を浴びはじめたのです。

サービスエリアの拡張にともなって、昭和六十一年（一九八六）、堅固な城（敏満寺城）跡が発掘されました。平成六年（一九九四）から十二年にかけては、敏満寺の旧寺域が発掘調査され、大量の遺物とともに、中世敏満寺の遺構が発見されました。その一部は商人や職人が住む町屋であり、敏満寺は都市的な場であったのではないかとされました。一方、平成九年以降、敏満寺の寺域の南寄りに位置する石仏谷中世墓跡も発掘調査され、国史跡に指定されました。平安時代から近世初頭にいたる墓地の全容が解明されつつあります。

中世敏満寺の古文書は焼き討ちによって散逸し、多くは残っていません。しかし、中世の敏満寺に隣接する、現在の敏満寺集落には、貴重な古記録や興味深い伝承が伝わっています。

なぜ重源上人は敏満寺に着目したのか。敏満寺にはどんな人たちが住んでいたのか。敏満寺城や石仏谷墓地と敏満寺はどんな関係にあるのか。多賀大社や敏満寺村を敏満寺と結びつけて考えることはできないのか。そもそも敏満寺はどんなお寺だったのか。敏満寺は都市といえるのか。

こうした疑問にこたえるため、平成十七年（二〇〇五）十一月二十七日（日）、「敏満寺は中世都市か？」というテーマで、シンポジウムが開催されました（主催　多賀町教育委員会）。当日、会場となったあけぼのパーク多賀（多賀町立博物館・多賀町立文化財センター）では、特別展「敏満寺の中世墓地」も催されていました。

シンポジウムでは、五人のパネラーが講演し、つづいて討論がおこなわれました。本書は、その記録集です。また討論にくわわっていただいた方々から論文を寄稿していただきました。シンポジウム当日のスリリングな議論を再現することができましたので、中世敏満寺研究の醍醐味を十分味わっていただけるものと思います。

シンポジウムの内容に入る前に、はじめて敏満寺を訪れたみなさんのために、敏満寺とその周辺の地形環境を説明しておきましょう。口絵10を参考にしてください。なお、ここでいう敏満寺の寺域とは、建物や墓がたっている範囲をさします。

中世敏満寺の中心部は、現在、胡宮神社や旧福寿院などが立地する地区と考えられています。小字「胡宮」「西福寺」のあたりです。ここは複雑な地形になっていて、たくさんの小さな平場《ひらば》が、かなりの高低差をもって点在しています。これらの平場に、かつて敏満寺の本堂・三重塔などの主要伽藍や院坊が建ちならんでいたのでしょう。ここを《本堂周辺地区》と名づけましょう。

なお、院坊というのは、坊院とも、時には塔頭《たっちゅう》ともよばれるものです。堂舎、居住空間、台所などからなり、僧侶や従者など数名から数十名が暮らしていたと考えられます。本堂・塔などの主要施設とは別に、こうした院坊が多数、寄りあつまることで、敏満寺は拡大、発展していったのです。

《本堂周辺地区》の北側、標高一三三～一四二メートルの丘陵上に平坦面が広がっています。小字「風呂谷」「西谷」「背戸山」「寺屋敷」「薬師谷」付近です。この平坦面は、南から北にかけて、幅二五〇メートル、長さ一キロにわたってつづきます。もともと自然の平坦面があったのでしょうが、敏満寺の開基やその後の境内の拡大にともなって、山を崩したり、谷を埋めたりして造成されたものでしょう。平坦で利用しやすいという地形条件から、ここに敏満寺の施設の多くが建造されていました。ここを仮に《北院坊地区》とよんでおきましょう。皮肉なことに、この平坦な地形が、高速道路のサービスエリアの適地として着目され、開発されたのです。

この《北院坊地区》の西側は比高差一八メートルの急な崖になっています。崖の下に敏満寺村の集落があります（小字「池之内」から「地蔵堂」にいたる）。地区の北端に近い部分（小字「背戸山」「寺屋敷」）に、崖面を利用して敏満寺城が築かれました。たしかに、敏満寺が敵方の攻撃を受けるとすれば、近江平野に面するこの崖側があぶないでしょう。だとすれば、この敏満寺城以外にも、崖面に沿って防衛施設が築かれていた可能性もあるのですが、現在のところ、他にはみつかっていません。

《北院坊地区》の東側も比高差一〇メートルの崖になっていて、崖の東側には谷があります。敏満寺の寺域は一部、この谷にもおよんでいたものと思われます（小字「谷田」付近）。なお、谷の出口にあたる北端には現在、高宮池というため池があります。しかし、この池はその大きさからいって近世の造築と推定され、そのままの規模の池が中世までさかのぼってあったとは思えません。この谷の東側に低い尾根がつづいていますが、その尾根の向こう側には多賀大社の門前町が位置します。

近世、多賀大社への主要な参詣路は、中山道の高宮宿から多賀道を直進し、多賀大社にいたるものでした。敏満寺の《北院坊地区》の平坦面の北端は下がっていって、この多賀道にまで到達します。ここが、敏満寺の寺域の北の端にあたるでしょう。

もう一度、《本堂周辺地区》にもどって、目を反対側の南側に向けてみましょう。

《本堂周辺地区》の南西端に仁王門がありました。もともと立派な礎石が露出していましたが、高速道路建設の事前調査で発掘されました。この場所に、もっとも主要な門の一つが位置することから、敏満寺が、ある時代、こちらを正門としていたことが推測されます。

《本堂周辺地区》の南に《南院坊地区》があります。小字「南谷」にあたります。ここには、本堂周辺よりもさらに小規模な平場が階段状につづきますが、やはり院坊の跡地でしょう。この南谷地区の東側に接して、国史跡・石仏谷墓跡が広がっています。標高一八八メートルから一六七メートルにかけてつづく斜面に、いくつもの平場が築かれて墓地が営まれていました。

この中世墓地のあたりが敏満寺の寺域の南の端になります。

敏満寺がどんなところにあるのか、だいたい理解していただけましたか。では、中世敏満寺の世界へ入ってゆきましょう。

＊昭和六十一年、滋賀県教育委員会によって発掘調査された遺跡の遺跡名は「敏満寺遺跡」であったが、当該地は中世敏満寺の本体ではない。まぎらわしいため、本書では「敏満寺城」と呼ぶ。

＊平成十四年十一月十日、「敏満寺座談会」（主催　多賀町教育委員会）を開催し、その成果は、『敏満寺の謎を解く』（サンライズ出版、平成十五年）に収載した。また平成六年以降、滋賀県教育委員会によって調査された「敏満寺遺跡」の調査成果にもとづいて、平成十七年三月六日、シンポジウム「中世都市を掘る」（主催　財団法人滋賀県文化財保護協会他、会場　滋賀県立安土城考古博物館）が開催された。石仏谷中世墓跡の調査成果については、多賀町教育委員会編『敏満寺遺跡石仏谷墓跡』（サンライズ出版、平成十七年）に詳しい。本書は、先行するこれらの研究と発掘調査報告書に拠っている。

シンポジウム終了後の平成十八年三月四日、パネラーの一人であった松澤修氏が永眠された。謹んで哀悼の意を表したい。

松澤氏の遺稿となった論文は、明らかな誤字・脱字を除き、そのままの形で本書に掲載した。シンポジウムでの講演や発言部分は、全体の調整の必要もあり、仁木の責任で加除させていただいた。

講演

石仏谷中世墓地の発掘調査結果からみた敏満寺の風景

鋤柄　俊夫

ただいまご紹介いただきました同志社大学文化情報学部の鋤柄《すきがら》です。専門は考古学ですが、その中でも遺跡を軸にしながら、主に平安時代から江戸時代初めくらいまでの地域における社会の仕組みについて研究しています。

さて、本日の話ですが、石仏谷《いしぼとけだに》墓跡という遺跡が元々どんな姿をしていたのかを、分布調査や発掘調査の資料などから説明していきたいと思っております。

まず最初に、考古学があつかう最も一般的な遺跡の資料として、石仏谷墓地からみつかった土器と陶磁器についてみていきたいと思います。石仏谷遺跡からみつかった土器や陶磁器は、見つかり方で大きくふたつに分かれます。ひとつは分布調査でみつかったもの、もうひとつは発掘調査でみつかったものです。

はじめに分布調査でみつかった土器・陶磁器ですが、学生といっしょに全ての資料に目を通して、種類や産地や年代を調べて、それを集計することでひとつの傾向が見えてきました。

まず年代ですが、分布調査で拾われた土器と陶磁器は、一番古いものが十二世紀で一番新しいものが十六世紀です。ですから石仏谷遺跡は十二世紀から十六世紀までの遺跡だということができます。ただし、この事実に加える重要な点があります。それはみつかった土器や陶磁器のそれぞれの年代毎の量です。

それを見ますと、十二世紀代の資料は全体の五%、十三世紀代の資料は二七%、十四世紀代の資料は五六%、十五世紀代の資料は一〇%、十六世紀代の資料は一%になっています。したがって分布調査で発見された資料を年代で並べると十二世紀から十六世紀までの間ずっと続いていたと思われますが、実態としては、十三世紀後半から十四世紀までがピークだということになります。さらにこの遺跡で見つかっている土器や陶磁器の具体的な姿は骨蔵器なのですが、十六世紀の資料は一%しかありませんので、その骨蔵器が主体になった墓は、十五世紀までということになるのです。さらに付け加えるならば、十六世紀の石仏谷遺跡の墓は、それ以前とは違った考え方でつくられた墓だということになると思います。

次にどんな焼き物があるのかということになります。十二世紀代は中国製のものが見られます。十三世紀から十六世紀は愛知県や岐阜県で焼かれたものが中心になります。これらの状況は、墓にかぎらず一般的な中世の村の遺跡と同じような傾向です。ただし、北陸や西日本の土器や陶磁器もみつかっていますから、ここに葬られた人は、地元の方がほとんどですが、一部に北陸や西日本と関係のあった人が葬られていた可能性もあります。これは、この遺跡がいろいろな地域と交流をもっていたことを示します。

また、葬られ方ですが、骨蔵器ひとつに対して素焼きの土師器の皿が約四枚納められていたことも、集計して分析を加えることでわかりました。大阪のお墓の遺跡で同じような傾向が出ていますので、蓋然性の高い数値だと思います。

余談になりますが、私の所属する文化情報学部における考古学研究のひとつが、こういった考古資料の数量化によって新しい解釈を導き出すものです。

次に発掘調査でみつかった土器や陶磁器をみていきます。分布調査の資料というものは、極端にいうと石仏谷の遺跡とはまったく関係のないものが混じる可能性も皆無ではありません。そこで先ほどのような統計的な考察が必要になるのです。しかし発掘調査でみつかった資料は、基本的にその場所に関係するものですから、より具体的に石仏谷遺跡の実態を明らかにできる可能性があります。

そこでそれらを発掘した場所毎に分けて見ていったのですが、そうすると発掘した場所でみつかった土器・陶磁器に年代の違いがあることがわかってきました。

発掘は、図1のAからJ地区までの場所でおこなわれました。それを年代でみていくと、大きく言って、A・

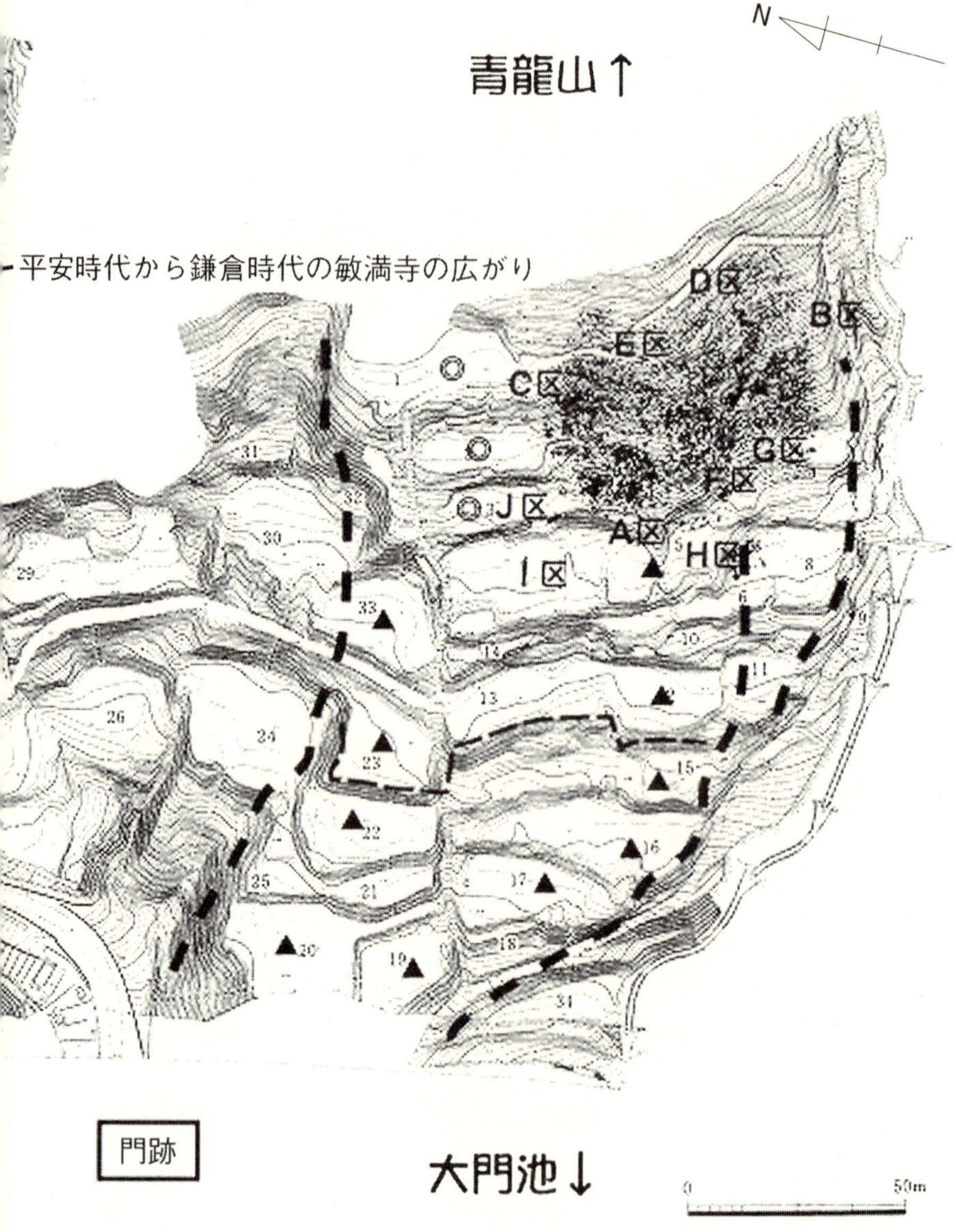
N
青龍山↑
平安時代から鎌倉時代の敏満寺の広がり
D区
B区
E区
C区
G区
F区
J区
A区
H区
I区
門跡
大門池↓
0
50m

図1 石仏谷墓地の構造と敏満寺の景観復元

D・E・F・G区は十三～十四世紀の資料が中心になっています。これに対して、B・C・G区の資料は、十四～十五世紀が中心になっています。

また石塔が密集している地区より下（西）の高速道路に近い地区は、複数の平坦面によって段々になっています。そこからは素焼きの土師器皿は見つかっておらず、火鉢が出土しています。火鉢が骨蔵器に使われる例はまったく無いとは思えませんが、一般的には日常生活品だと思いますから、そうすると下の段の平坦面は墓ではなく、人が生活していたところではないかということになります。

さて、問題はこれからです。これまで見てきました石仏谷遺跡の情報から、ここがどんな歴史的な意味をもっていたのかを考えなければなりません。

その点で最初に注意しなければならないのが、石仏谷墓地は、敏満寺遺跡という広い遺跡の一部であるということです。つまり、石仏谷遺跡の評価は、敏満寺遺跡全体の評価を前提にしないといけない。それをしないと正しい石仏墓地の復原ができないということなのです。そこで石仏谷墓地以外の様子を見てみると、これまでの調査で最も注目されているのが、現在の胡宮《このみや》神社の北側の多賀サービスエリアを中心とした一帯（《北院坊地区》）です。このあとみなさんから報告がありますように、十五世紀以降で十六世紀までを中心に城跡のような多数の郭《くるわ》が見つかっています。その時期の敏満寺遺跡の中心は北部だったようなのです。

それではこういった敏満寺遺跡全体の情報が今回の石仏谷遺跡とどのように関係してくるのでしょうか。

まず分布調査の結果の確認ですが、石仏谷遺跡は、十二世紀後半を開始時期として十五世紀までが骨蔵器の墓の中心時期であると言えます。さらに十五世紀の資料は全体の一〇％くらいなので、十五世紀の中でもより新しい時期の骨蔵器の墓は無かったのかもしれません。

次に石仏谷墓地の範囲と構造ですが、発掘調査の資料から、十三・十四世紀の中心はA地区ですが、十四・十五世紀にはその南側のB地区に中心が移っていた可能性があります。そこでこれを前提に、さらに現在の地形を含めて石仏谷遺跡全体の様子を復原すると、非常に興味深い姿が浮かび上がってきました。

どういうことかと言うと、まずどなたでもご賛同いただけると思うのですが、一番重要な墓はA区の墓（図27）です。中心的な時期は十三・十四世紀になるでしょう。ところがこの墓は、地形を詳しく見ると、その北に付属する平坦なエリアを持っているように見えるのです。A区の墓にともなうお堂跡ではないでしょうか。A区の墓は、その北の細長い平坦面とセットでつくられていたと思います。

この点を確認していただいておいて、今度は目を転じて西へ下がっていただくと、A区の北の平坦面を中心として西を向いた凹の字形の地形が連なっていることに気づかれるのではないでしょうか。石仏谷遺跡の全体構造は、この西を向いた凹の字形の連続する平坦に特徴づけられると思うのです。おそらくこれらの平坦面の中で、左右の端の平坦面に坊舎が築かれたものと思います。付け加えるならば、この連続する西へ向いた凹の字形の平坦面は下へ降りるに従い北へカーブをしていき、その先にあるのが、現在、胡宮神社への入り口にあたる、高速道路の高架下に保存されている敏満寺遺跡の門（仁王門）跡です。

A区を中心とする墓とその西の下に築かれた坊舎の連続。これがわたしが推定する十三世紀を中心とした石仏谷遺跡の最初の風景です。そして十四〜十五世紀には、墓の範囲がB地区へ広がっていくことになりますが、基本的にこの構造は踏襲されたのではないかと考えています。

それではこのような石仏谷遺跡の墓と坊舎の風景をつくりだしたものは何だったのでしょうか。そこで注目されるのが、この遺跡から見えるモニュメントです。皆さん、石仏谷遺跡から西を見ると何が見えるでしょうか？　大門池《だいもん》ですね。一方反対側の東をみると青龍山が見えますが、その山頂の手前に大きな岩磐《いわくら》があります。

石仏谷墓地は、青龍山の岩磐と大門池を結んだ線上に存在していたのです。その意味を説明する時に最もふさわしいのが、奈良時代にさかのぼる東大寺との関係です。大門池は言うまでもなく東大寺領水沼荘《みぬまのしょう》の灌漑用溜池です。そして青龍山の岩磐は古代における山岳信仰の象徴です。石仏谷遺跡という場所には、そういった奈良時代以来の歴史性があったと考えられるのです。十三世紀を中心とした石仏谷遺跡とその周辺には、このような奈良時代を原型とする青龍山・岩磐、周辺の平坦地、大門池およびその周辺の集落などが揃い、全体が整った村の景観がひろがっていたのではないかと思うのです。

しかしこれは、あくまで十三〜十五世紀の石仏谷遺跡周辺の風景であって、十五〜十六世紀の姿は、それまでの様子と違ってきます。それがどうだったのかというと、既存の発掘調査で見たように、敏満寺の中心は多賀サービスエリアのある北側に移ったと考えて良いと思います。

南北朝という時代は、日本列島を通じて、古代を源流とするさまざまな文化や社会の仕組みが、近世に続く新しい仕組みに大きく姿を変えた時代だったことが知られています。

ちょうど十五世紀から敏満寺が多賀大社と一緒になって活動するという記録があります。そうすると十五世紀の敏満寺は、日本列島全体におこった大きな変革の動きの中で、奈良時代以来の論理である大門池と青龍山という関係から、新しい多賀大社との関係で北側に中心を移して発展した可能性が考えられるのではないかと思います。それは言い方を変えると、中世の前期から後期へ、社会の変化にあわせて宗教都市から戦国期の寺院型城塞都市へ姿を変えていった敏満寺の歴史を示すものと言えるかもしれません。そして石仏谷遺跡でみつかった土器と陶磁器の移り変わりは、まさにそれを物語っているものだと考えます。

図1の上に青龍山の西を意識した平安時代から南北朝期の敏満寺の範囲と、北を意識した室町時代後期の敏満寺の範囲を描いてみました。このような敏満寺の移り変わりとその歴史的な意味は、今回の石仏谷遺跡の調査で初めて検討できるようになったものです。非常に大きな成果だと思います。今後、石仏谷遺跡の保護・活用の検討とあわせて、青龍山とその丘陵全体を対象とした視野のひろい調査と研究が期待されます。

宗教都市を守るもの

中井　均

米原市教育委員会の中井です。

私は「宗教都市を守るもの」ということで話をさせていただきます。

一九八八年に敏満寺城跡（敏満寺遺跡）が発掘調査されました。これは現在の名神高速道路上り線サービスエリアの北に今も公園として残されています。

一九八八年の発掘調査当時、見学に行きまして大変驚かされました。これはもうお城そのものが発掘調査で検出されたというイメージでした。非常に高い土塁で、堀底から五～六メートルくらいの高さがありました。図2をご覧ください。堀切1を北へ上りますと、石積みによって構えられた門跡が検出されています。この門がまっすぐ入れず、一旦折れ曲がって入るという構造です。これは城郭特有の構造を持つ施設です。そして台地の先端に土塁をめぐらしているという、まさしく戦国時代のお城が検出されたわけです。

この敏満寺城と敏満寺がどのようにむすびつくのか？という疑問が、それ以来私が勉強するきっかけになったのです。戦国時代は何も武士だけがお城を構えるという時代ではなかったようです。戦国時代は身構える時代ということで、お寺、村、あるいは百姓が城郭を構える時代だったということです。これを抜きにして戦国時代は語れないだろうと思います。つまりお寺だから防御施設がなかったとは限らないわけで、特に敏満寺では、宗教都市と呼べるような大きなお寺、あるいは坊院をいかに守るかが大きな命題になったのではないかと思われます。

十二世紀には史料1、2にありますように、比叡山の宗徒がお互いに城郭を構えており、お寺の中に城郭を構

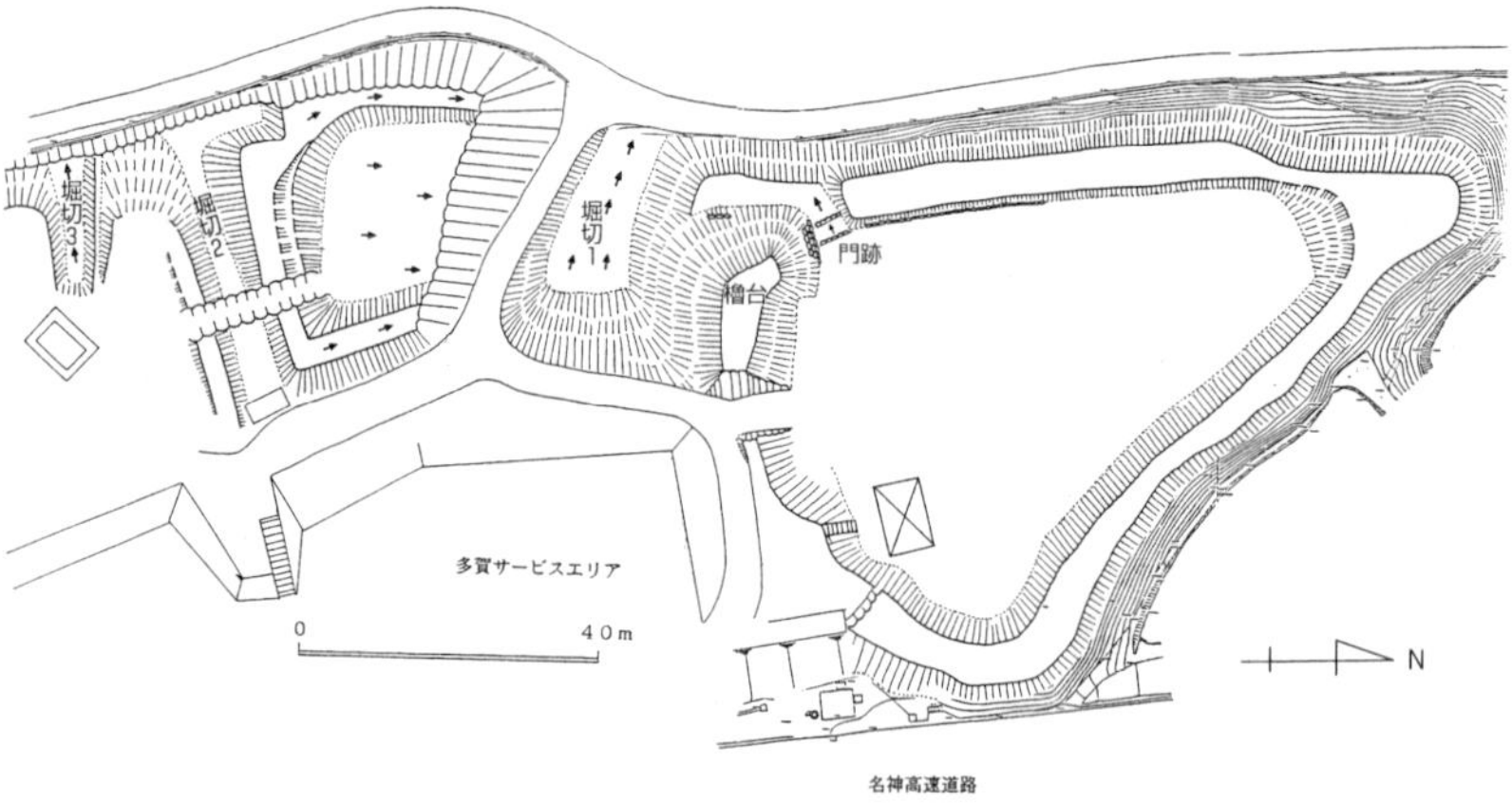

図2　敏満寺城概要図

えることは古くから行われていました。寺院のまわりの尾根に城郭を構えるということが、例えば福井県の白山《はくさん》平泉寺《へいせんじ》や和歌山県の根来寺《ねごろじ》、あるいはこの敏満寺など、一つのタイプとして存在するわけです。さらに寺院そのものが城郭化する、つまりお寺の中の一部にお城を構えるのでなく、お寺全体、もしくは周りの尾根筋全体を城郭化するタイプも存在します。近江では百済寺《ひゃくさいじ》（史料3）や金剛輪寺《こんごうりんじ》、島根県の船上山《せんじょうさん》などで認められます。

一方、山岳寺院が山の上にあって要害である、これは非常に守りやすいし攻めにくい、ということに注目して戦国大名側がお寺そのものを城郭に変容して利用する場合があります。例えばこの近江では伊吹の弥高寺《やたかじ》（図3）です。史料の4・5に守護である京極政高が弥高寺にいたということや京極氏が弥高寺から出陣したということが記されています。このように戦国時代には、お寺そのものを城郭として利用していたという事例が多くあります。

また一方で、戦国時代に入りますと浄土真宗の寺内《じない》町《ちょう》が形成されます。蓮如上人により越前に吉崎御坊《よしざきごぼう》（図4）が造営され、その後、山科、大坂に移ります。例え

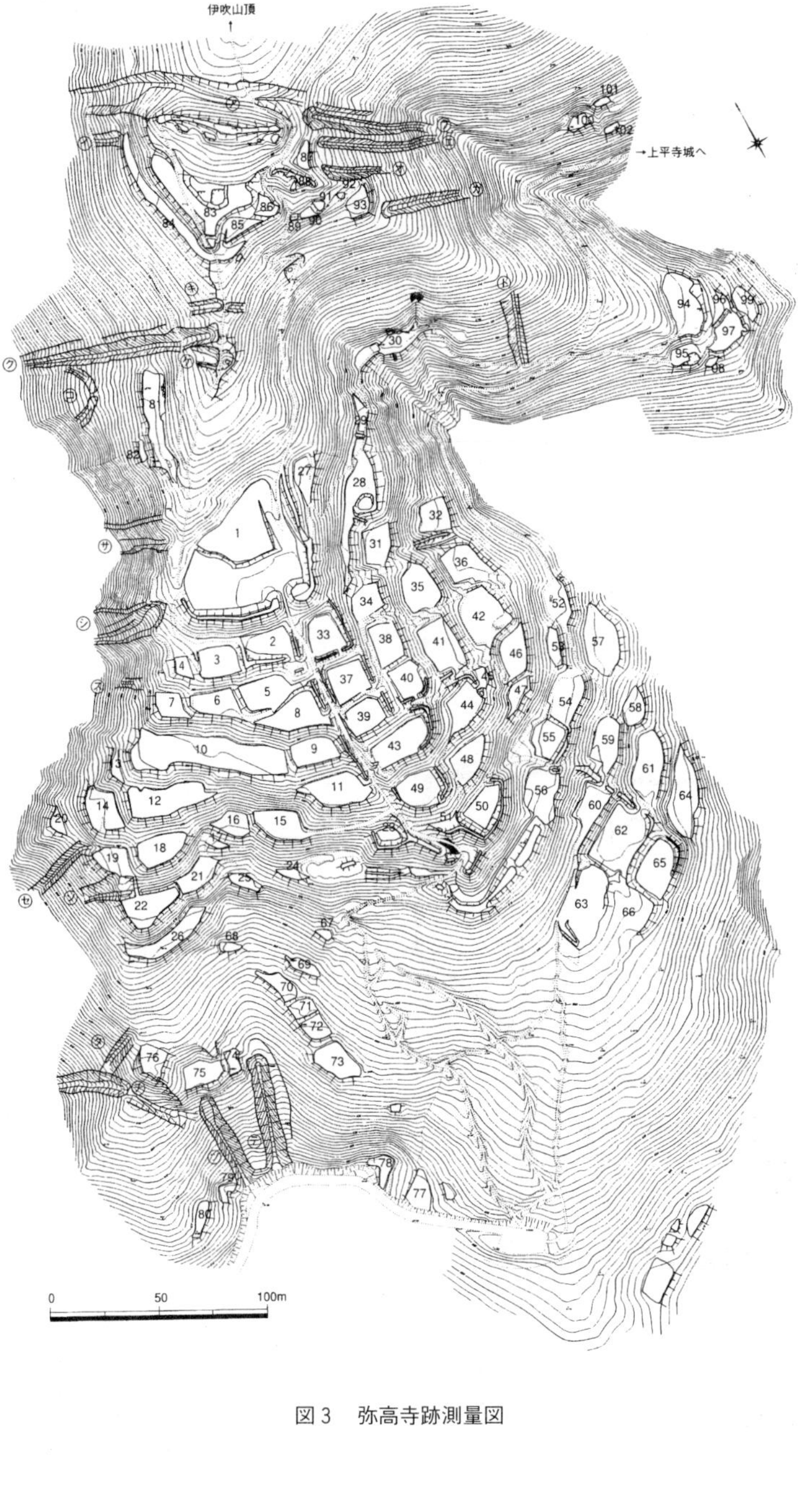

図３　弥高寺跡測量図

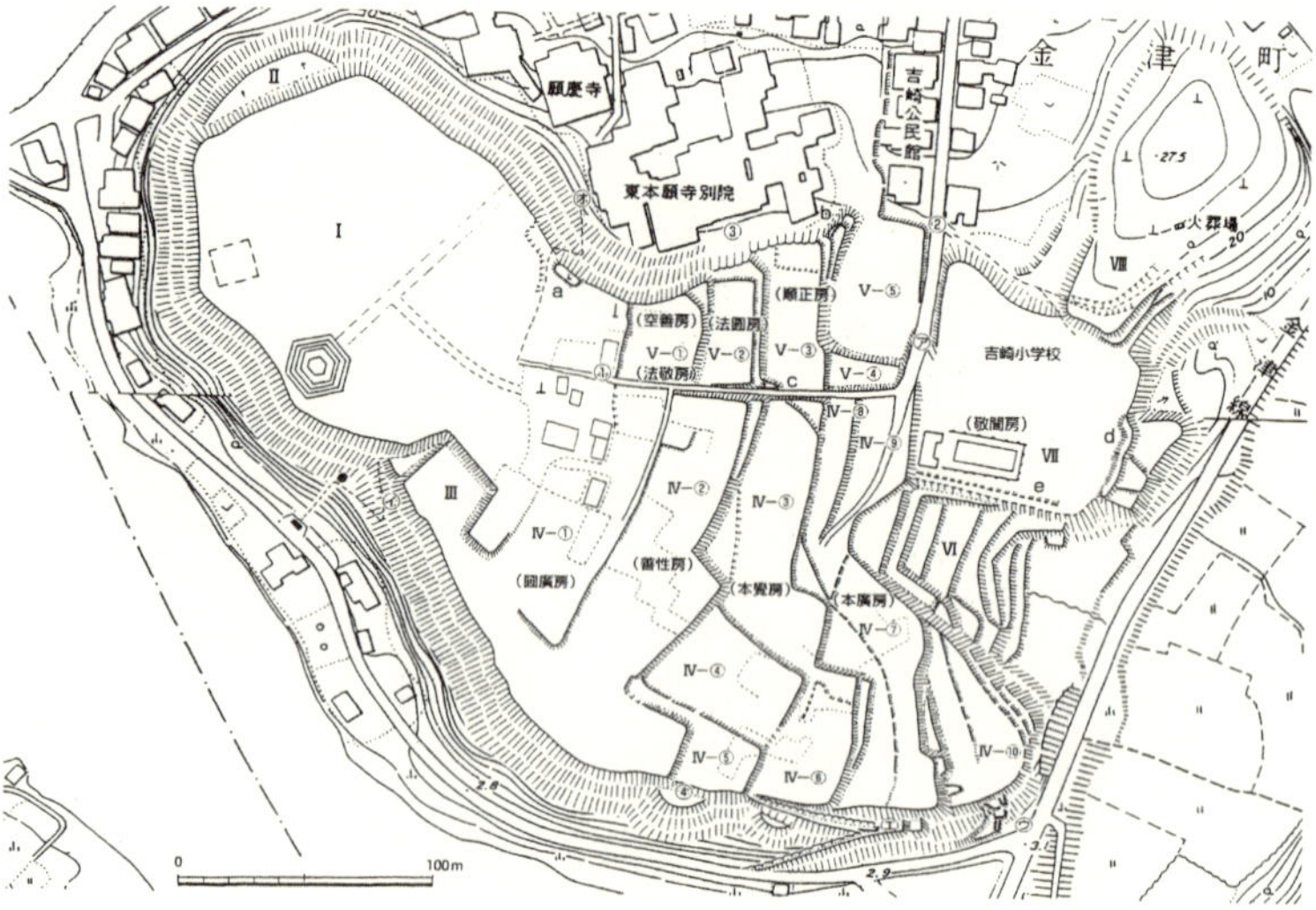

図4　吉崎御坊概要図

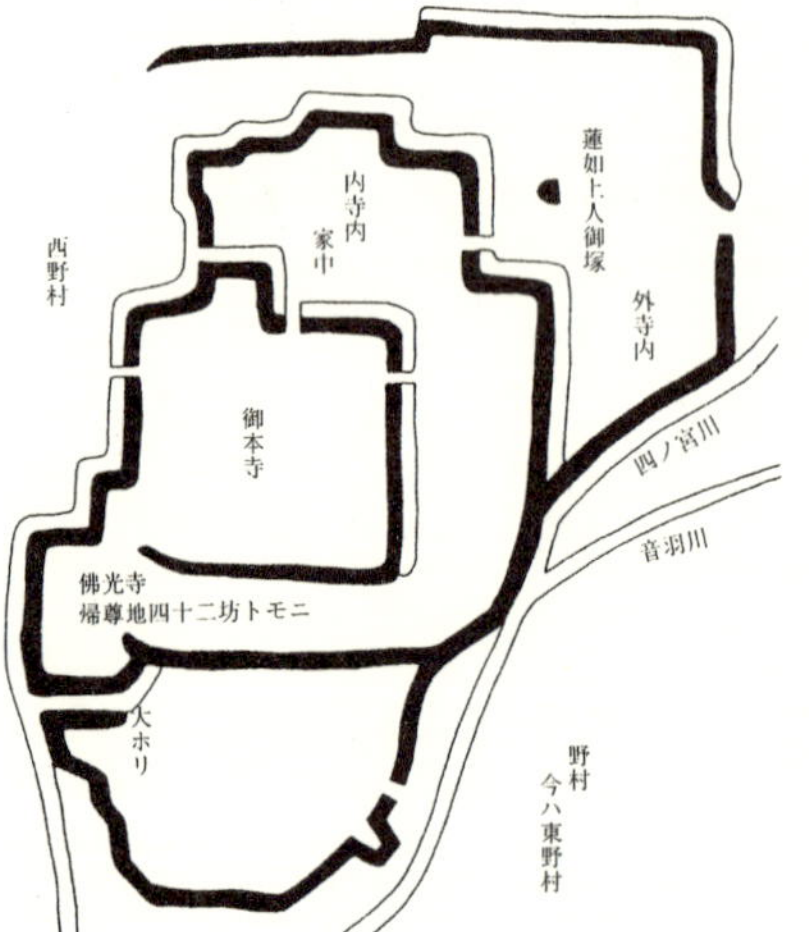

図5　山科本願寺絵図（光照寺本のトレース図）

ば『真宗懐古鈔《しんしゅうかいこしょう》』（史料6）には吉崎のことを「大国ノ城郭ノ如ク」と記されていますが、蓮如上人のお文《ふみ》にも「かかる要害もよくおもしろき…」（史料7）と書かれていますからやはり日本海に突出した山自体が要害であったということです。しかし、これを取り囲む土塁などはなかったようです。

それが、図5のように山科本願寺では現在でも新幹線と同じ高さの土塁が残っている場所があります。御本寺、内寺内、外寺内という三つの区画を土塁と堀で取り囲むというような施設が出現します。城郭ではこれを総構といいますが、このように町屋まで取り囲むようになります（史料8）。その次につくられた大坂本願寺はその後、豊臣秀吉や徳川幕府により大坂城がその上につくられたため、現在確認はできませんが、城造り専門の工人が築造したという記録がありますから（史料9、10）、山科本願寺よりさらに計画的な、町屋を含んだ総構えの城であったことは間違いないと思われます。

このように敏満寺とはまた違った形態の、土塁や堀で取り囲む寺内町という系譜が出てきます。言い換えれば、中世の山城的な構想でつくられた敏満寺や白山平泉寺と、後の近世城郭になっていく総構えの寺内町という二つの流れがあるようです。点で守るのか、取り囲むのかという二つになるということです。

それでは、敏満寺城をどう評価するか。出土した遺物からきわめて短い時間しか使われていないということが判明しています。鋤柄先生の話ですと石仏谷は非常に長い時代、お墓に使われています。お寺も長い歴史がありますが、敏満寺城だけは、十六世紀後半という一時期にしか使われていないということがわかっています。考古学でいうと、二十五年間隔の四半世紀の編年でいう一期だけ。本当に短期間です。また焼土が発見されています。そうなりますとこの敏満寺城は、敵に攻め込まれるので、焼き討ちされたのかもしれない、という軍事的緊張のなかで、敏満寺を守るために城が必要だという現実のもとで造られたのではないかと考えられます。元亀三年（一五七二）、織田信長が攻めてきたという記録が『胡宮神社史』にあります（史料11）。この信長との抗争、あるいはその前の永禄年間に浅井長政が攻めてきたとき、敏満寺を守るために急遽造られたのが、この遺跡ではないかと考えております。

丘陵先端を土塁で囲むという技法はお寺にはあまりみられないものです。また、寺院にとって一番関係ないものが堀を切ることです。図2では三本の堀を切っています。背後を堀で守って先端部分は土塁で囲うということ、それから入り口は城郭では虎口《こぐち》といいますが、虎口では直進で入ってこれないようにする。その真上には櫓台のような施設があった。まさしく十六世紀後半に出現した城そのものだったといえます。

一つ言い忘れておりましたが、弥高寺では京極氏が出陣したという記録がありますが、竪堀などの存在は、京極氏により城塞化した段階で造られたものといえます。

最後に、戦国時代の強大な寺院や、寺院を中心に発展していった都市を理解するためにはそれを守る城塞を抜きにしては語ることはできないという点を強調したいと思います。従来の研究ではこうした防御施設などを無視した都市論や、寺院論が語られていたのではないでしょうか。そういった意味からも敏満寺城は高く評価できる遺跡です。

戦国近江のなかの敏満寺
—中世都市の空間と景観—

仁木　宏

こんにちは。大阪市立大学の仁木です。

今回のシンポジウムのテーマが「敏満寺は中世都市か?」ということですので、従来とは違う論点で「敏満寺は中世都市だ」という話をさせていただきたいと思います。

まず、戦国時代近江国の交通路と都市について。近江は、みなさんご存知のとおり京都へ北陸方面や東山道・東海道方面から大量の物資が流れ込んでくる途中にあります。ですので、たくさんの街道が通っております。また琵琶湖の水運が盛んで、大量の物資が通過しているはずですが、近江ではそれほど大きな都市は発達しなかったようです。

例えば六角氏の観音寺城には石寺《いしでら》という城下町があります。それから京極氏の上平寺《じょうへいじ》にも城下町がございますが、これらはあんまり大きなものではありません。それから浅井氏の小谷城《おだにじょう》の城下は結構大きかったようですが、この三つしか城下町とよべるものはないのではないかと思います。それから金ケ森《かながもり》という、守山の西にある寺内町も大阪平野にあるものと比べるとかなり小さいことがわかります。

近江国の特徴は琵琶湖にたくさん港町があることですが、大きいのは大津くらいです。大津は町の北西にある三井寺（園城寺《おんじょうじ》）の門前町で、他に四宮《しのみや》神社の前のあたりが少しまとまっていたようです。あと堅田《かただ》などもありますが、それくらいで、他のところは大きいとはいえないと思います。湖東のほうでは沢山の市町があったとされていますが、それぞれは大きくないと思います。

一方、戦国時代の大阪平野にはたくさんの城下町、港町、寺内町が展開していまして、都市の規模が違います。京都の東と西でこのような差ができるのは何故でしょうか？　西からのほうが少しは物資が多かったのかもしれませんが、東からも物資が大量に流通していたのに大きな都市が発達していないという意味が重要なのではないでしょうか。商業的な要素が豊かにあっても、都市としてわれわれがイメージするような城下町とか寺内町という形で結実しないということです。

　農村に商人が沢山住んでいる、または、敏満寺のように寺院が商業的な要素、都市的な要素を取り込んでいるのではないか。そのことが、大阪平野とは違う都市のありかたになったのではないかと思われます。

　では、近江の中で寺院都市としてどのようなものがあるのでしょうか？　皆様よくご存知の金剛輪寺（図6）、百済寺《ひゃくさいじ》（図7）、米原市の弥高寺（図3）、高島の清水寺《せいすいじ》などがあります。金剛輪寺のように院坊がたくさん山中にたちならび、そこを直線的な道がつらぬくという都市計画がなされていることから、単なる山寺でなく、都市的なものとみることができるとされています。

　では敏満寺はどうかということです。『胡宮神社文書』

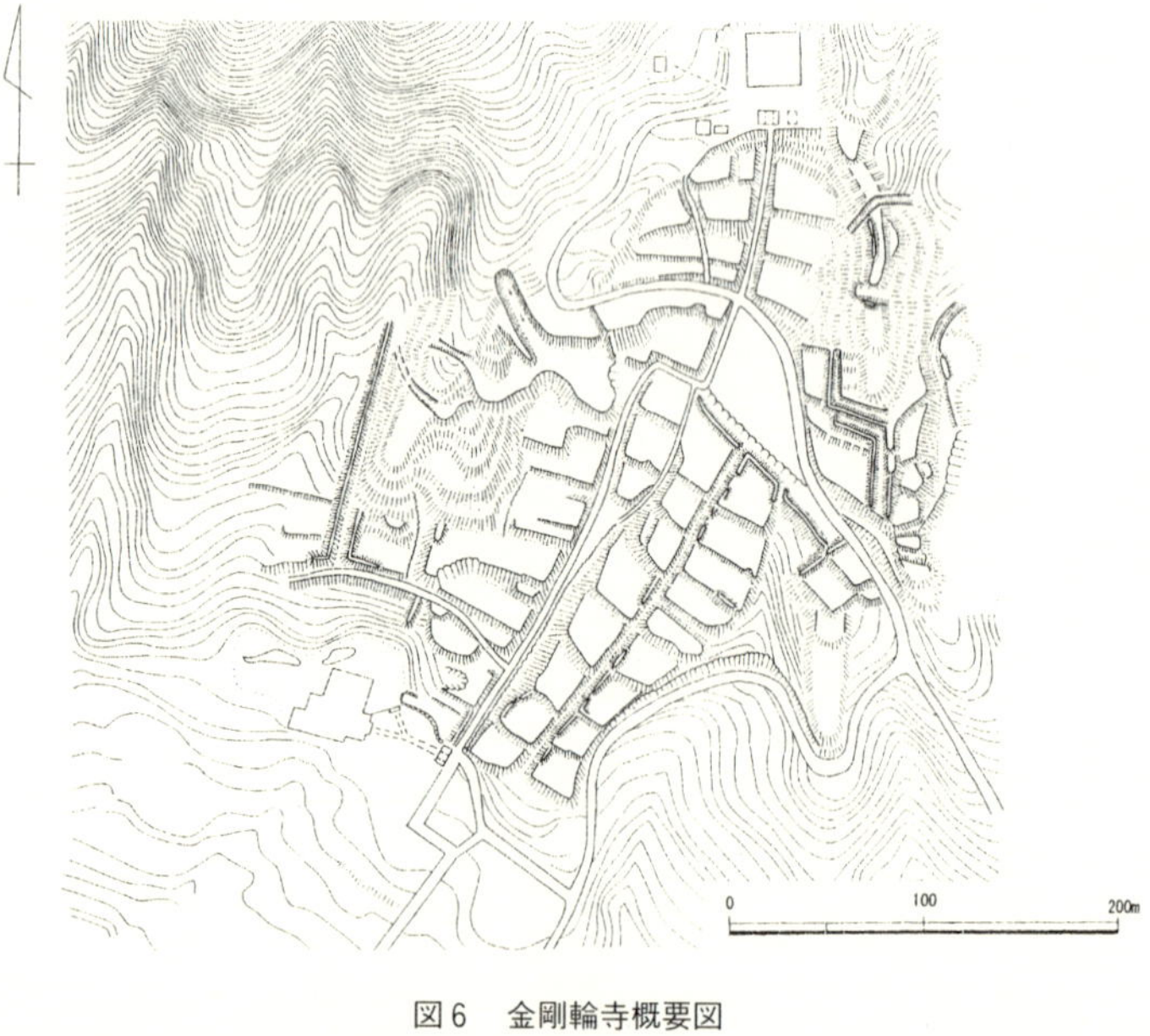

図6　金剛輪寺概要図

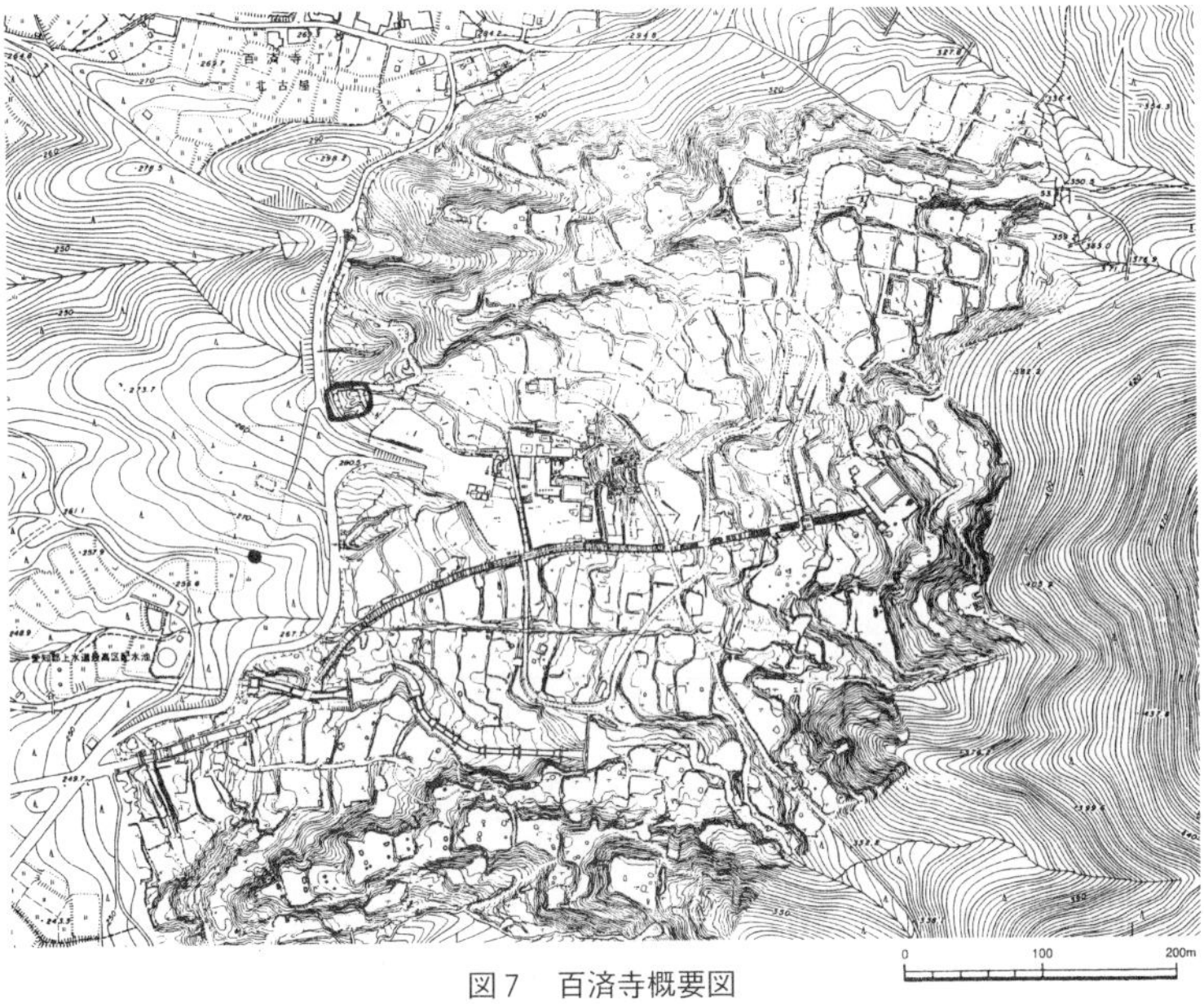

図7　百済寺概要図

天治二年（一一二五）の記録に「東は山路を限る、南は鳶辻越を限る、西は鳥居の下猿木の大道を限る、北は寺の登り道を限る」というふうに、四つの境界を示した史料があります（史料12）。これを現地比定した範囲を示したのが図8、9です。敏満寺の集落を西北の端に置いて大きく青龍山の東と南を囲い、北側は多賀道のあたりまでが、敏満寺の範囲だと示しています。かなり広く敏満寺をとらえたものになっています。

それから、元徳三年（一三三一）といわれている史料13は、敏満寺が本堂地区と南谷・西谷・尾上谷という四

図8　敏満寺の四至1
（『多賀町史』上巻［多賀町、1991年11月］より）

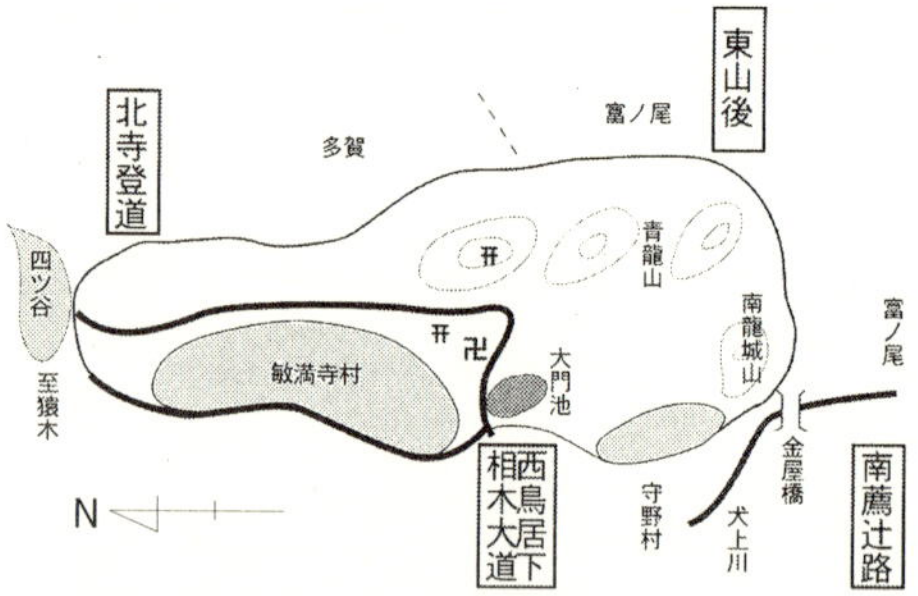

図9　敏満寺の四至2
（『水沼村』［敏満寺史跡文化保存会、2001年3月］より）

つの谷（＝空間）に分かれていて、それぞれにどのような、お堂や寺があったかを示しています。

次に多賀社の参詣《さんけい》曼荼羅《まんだら》について注目したいと思います。現在三種類の参詣曼荼羅が知られています。口絵の5、6ともう一種類ありまして、それを比べてみますと私は5が一番古い形ではないかと思っています。これを拡大したものを口絵5の下に示しています。上のほうが多賀社です。町屋が並んでいますがこれが今の多賀社の門前町にあたると思います。門前町の左から回る道が敏満寺からの道で、大きな鳥居は高宮から多賀社にいく道にあった一の鳥居です。敏満寺の中心部や仁王門が描かれています。

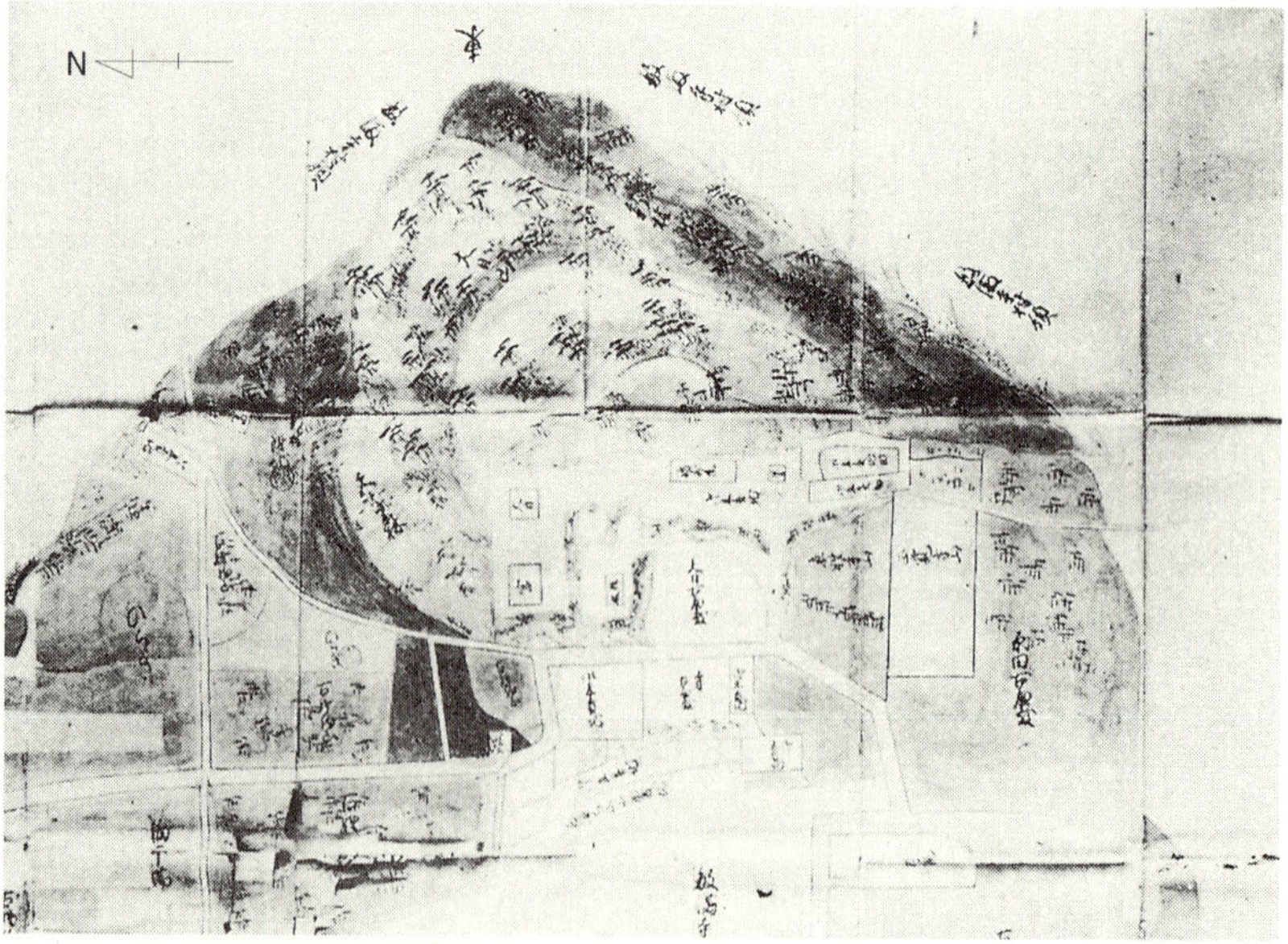

図10　胡宮神社境内絵図（『胡宮神社史』［胡宮神社社務所、1954年11月］より）

女性が男性を驚かしている情景Ⓐがありますが、ここが、大尼子村《おおあまごむら》の飯盛木《いもろぎ》にあたります。道が丘の上Ⓒをずっと通ってきて敏満寺の本体に入っていくようになっています。この辺が《北院坊地区》へ上がっていく道として表現されているのではないかと思います。だとするとこのⒷのあたりが敏満寺城になるものと思われます。Ⓒにもお堂が建っているように描かれています。全体的にみますと、敏満寺の本体とその北の山の上に、施設があります。多賀道の方からそちらに上がっていく道があり、それとは別に手前の山の中腹にはお堂があると思います。

図10の古地図は近世の胡宮神社境内絵図です。現在、所在が不明になっているということですが、ここには近代の地図には載っていない沢山の古い地名が載っています。それから明治時代や昭和時代の地籍図も参考になります（図11、12）。これらをもとに小字をまとめたのが口絵10です。さらに多賀村の地籍図（図13）も参考にすれば、敏満寺村の小字「西谷」の北部の西側は多賀村の小字「西成」にあたります。つまり、《北院坊地区》の一部は大字「多賀」に属することになります。あと航空写真（口絵7）も貴重な資料になります。

それ以外に発掘調査の資料や、地元に残る伝承なども重要です。例えば新谷《しんがい》氏の元服系図があり、そこでは新谷さんが敏満寺や多賀大社の神官《しんかん》になったり公文《くもん》になったりしていることが記されています（本書100頁参照）。有名な近江猿楽の「みまじ座」は敏満寺村を本拠地にしていました。これは世阿弥《ぜあみ》の『申楽談儀《さるがくだんぎ》』にみえ（史料14）、全国的に活躍する猿楽の集団が敏満寺に存在したことがわかります。

最後に敏満寺の空間構造についてふれておきます。

図14は、町屋（群跡）、宿坊堂舎（跡）などに地区わけしてありますが、名神高速道路や上り線サービスエリア付近については比定していない点は問題です。そうした部分も含めて検討しないと敏満寺の全体像はみえてきません。図15のような復元図もあります。敏満寺城以外はすべて町屋（的空間）というものです。《本堂周辺地区》と《南院坊地区》だけが寺で、あとは石仏谷の墓しかないことになっています。これもおかしいでしょう。

図16は、発掘調査された状況を詳細に描きこんだ図です。むかって右側の、下りサービスエリアの拡張にともなう調査部分については、南は土塁で、北は溝で区画さ

図11　敏満寺村地籍図１　明治22年（敏満寺会議所蔵）

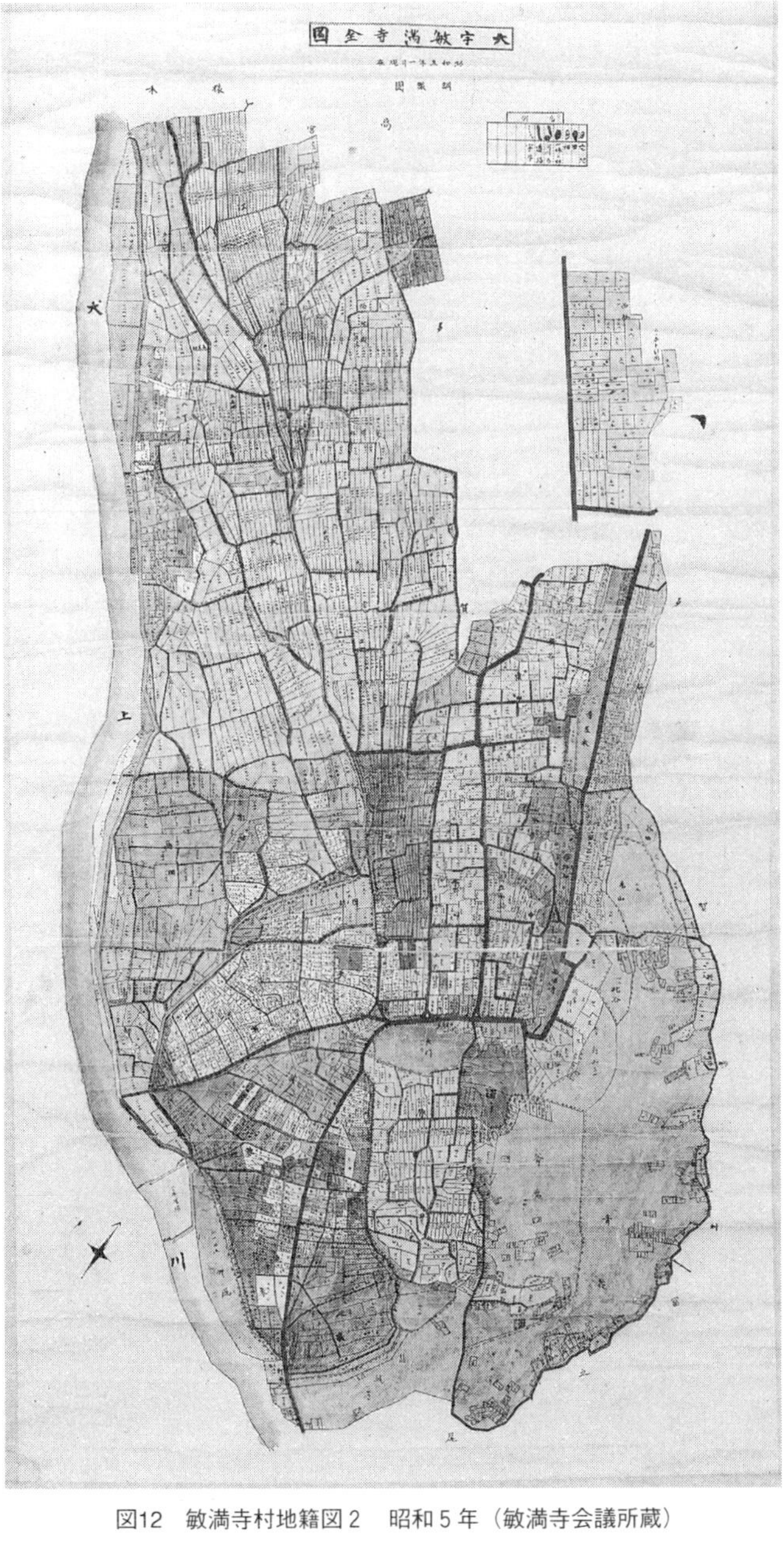

図12　敏満寺村地籍図２　昭和５年（敏満寺会議所蔵）

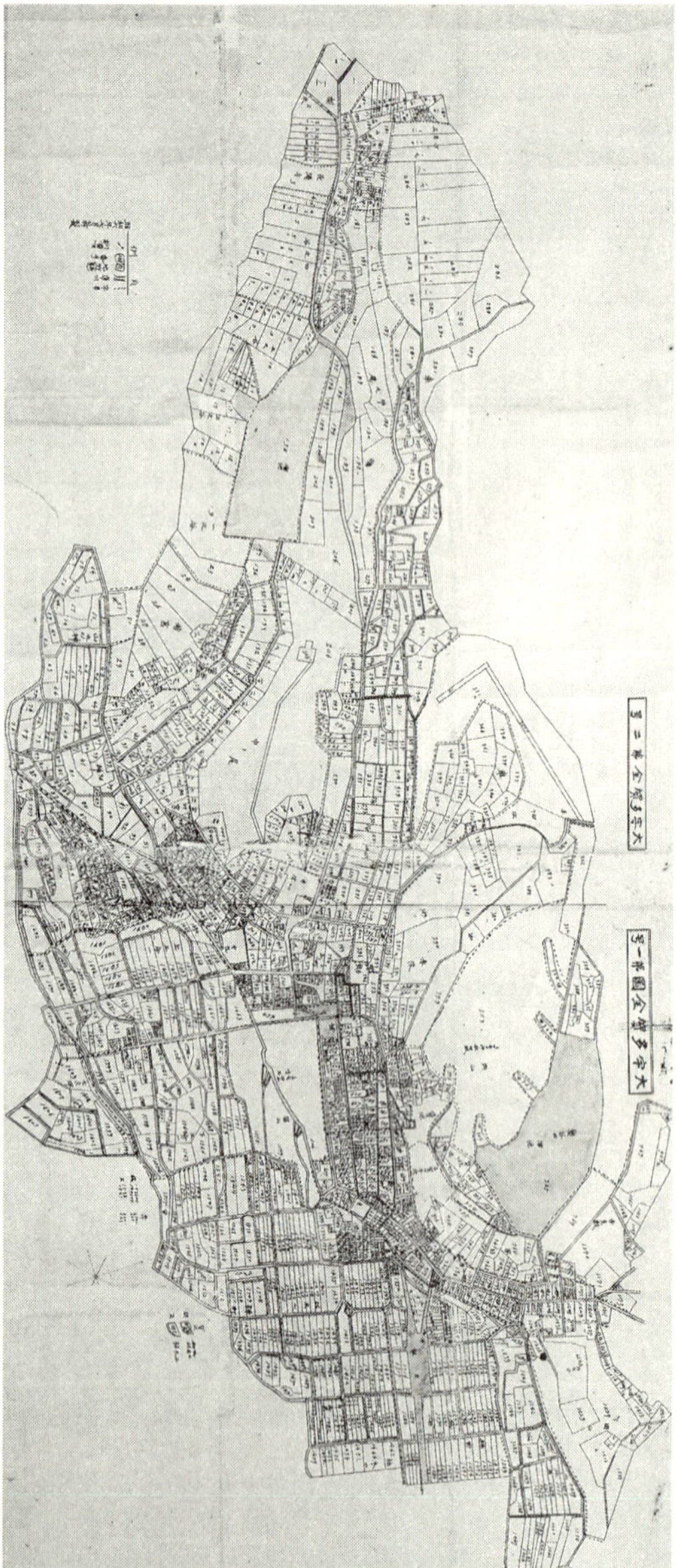

図13　多賀村地籍図　昭和６年（多賀町役場蔵）

図14　敏満寺の構成案１
（2005年10月多賀町立文化財センター編集敏満寺の中世墓地パンフレットを元に作図）

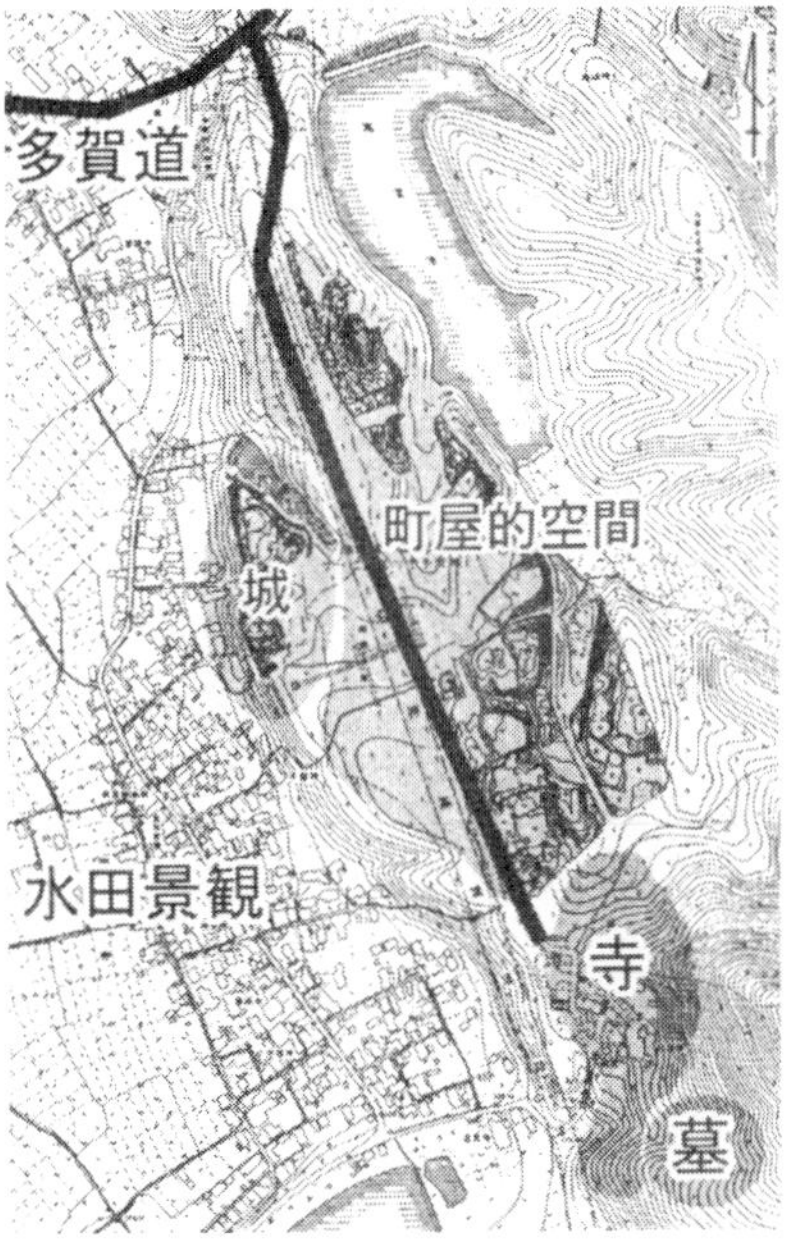

図15　敏満寺の構成案２
（『中世都市を掘る 資料集』［滋賀県文化財保護協会、2005年３月］より）

れた地区と考えられています。図17はこの《北院坊地区》南部の拡大図です。図18は、同じく北部の拡大図で、いずれも、いくつかの区画に分かれているように想定されています。

これらの空間復元図については、討論のなかで検討できれば、と思います。

ただ、いずれの復元図にしても、台地の上の平坦部分だけで敏満寺を論じていたことがわかります。しかし、①敏満寺村の新谷氏が敏満寺や多賀社と深いつながりがあること、②敏満寺村に猿楽の北坂座がある。「北坂」は敏満寺村のなかの地名であること、などからすれば、敏満寺村の集落も敏満寺の空間構造の中で検討する必要があることがわかります。

さらに、多賀社の参詣曼荼羅では、敏満寺も重要な要素として描きこまれ、また多賀社の神輿が多賀本宮と胡宮社の間を巡行しています。だとすれば、多賀社やその門前町も敏満寺と一体のものとして考えられるのではないかと思います。

私の報告のポイントは二点ありました。敏満寺が中世都市かどうかという判断をするさいに、近江一

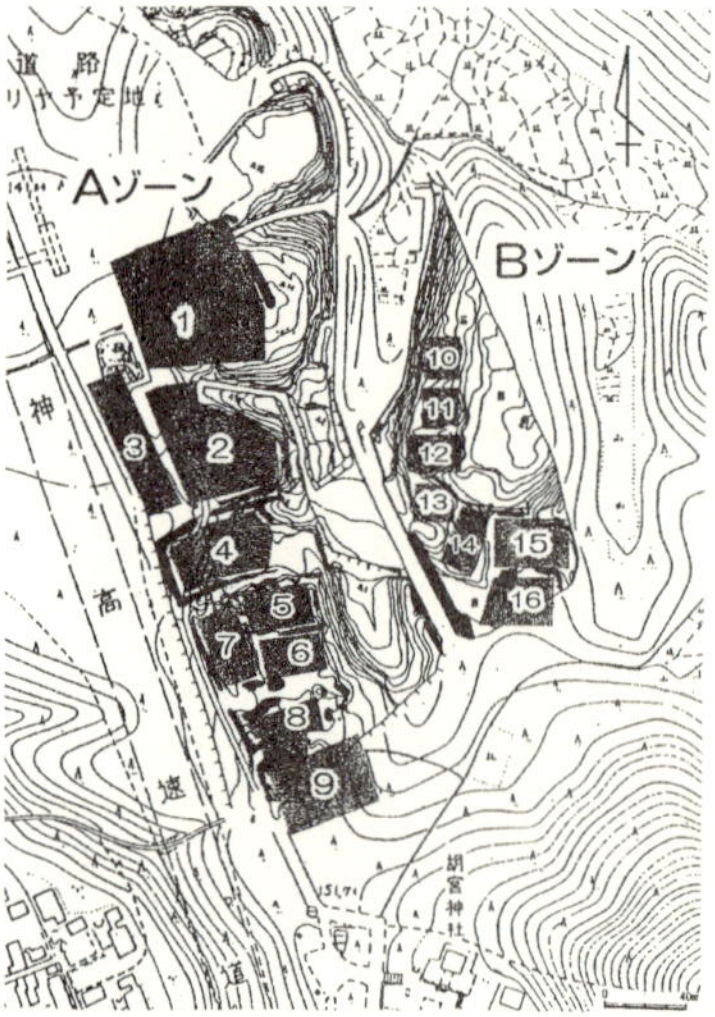

図17　Aゾーン・Bゾーン区画配置想定図
（『中世都市を掘る 資料集』［(財)滋賀県文化財保護協会、2005年３月］より）

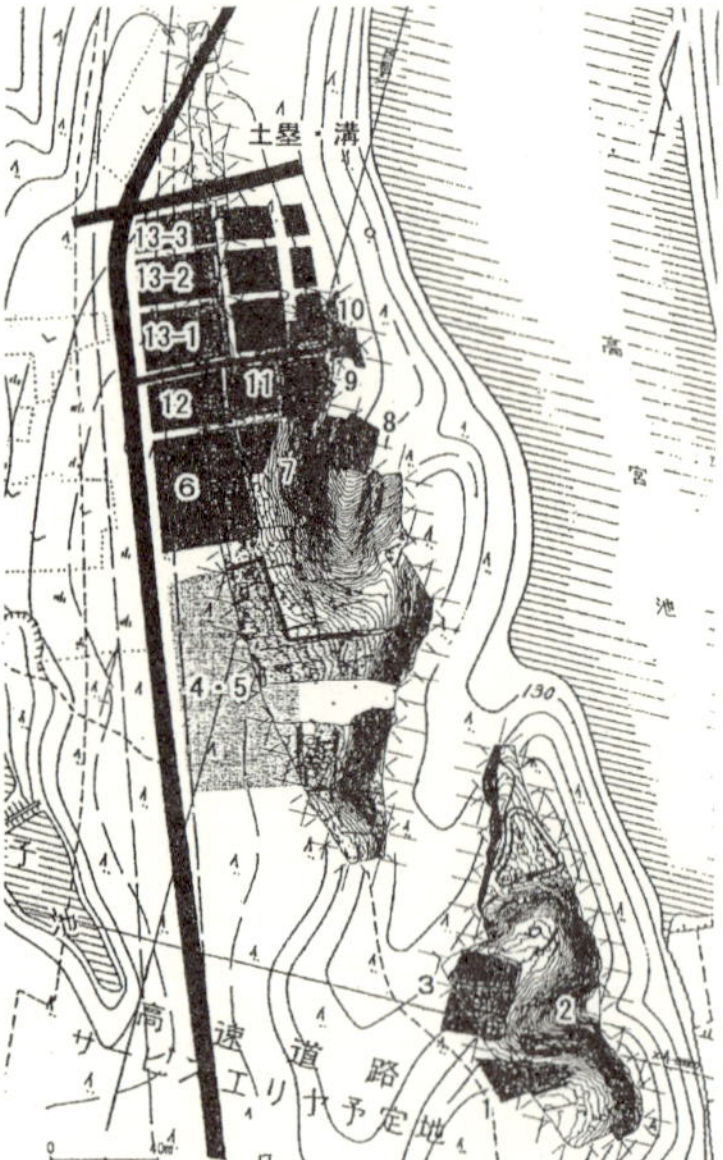

図18　Cゾーン　区画配置想定図
（『中世都市を掘る 資料集』［(財)滋賀県文化財保護協会、2005年３月］より）

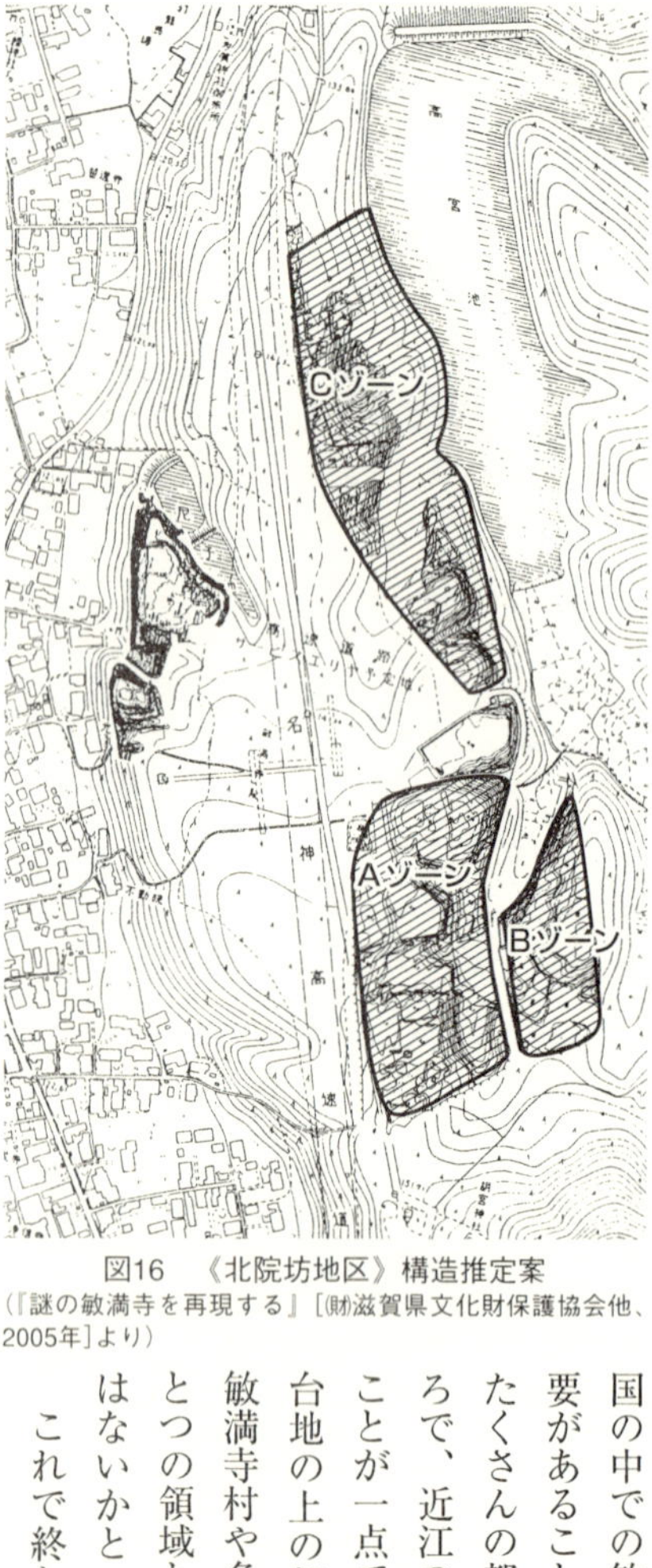

図16　《北院坊地区》構造推定案
（『謎の敏満寺を再現する』［(財)滋賀県文化財保護協会他、2005年］より）

国の中での敏満寺の位置づけを考える必要があること。つまり大阪平野のようなたくさんの都市がある地域とは違うところで、近江の都市をどう考えるかということが一点です。もう一点は、敏満寺を台地の上の部分だけで考えるのでなく、敏満寺村や多賀社・門前町もふくめてひとつの領域として考える必要があるのではないかということです。

　これで終わります。

古代・中世の敏満寺と石仏谷中世墓地

細川 涼一

京都橘大学の細川です。

敏満寺は浅井長政の焼き討ちでお寺そのものは滅んでいます。しかし、その鎮守社でありました胡宮神社がその後、現代まで存続している関係から、敏満寺の文書は、胡宮神社文書として伝わっております。私は、その胡宮神社文書を中心として古代・中世の敏満寺の簡単な歴史と石仏谷中世墓地がどのようなところであったかということについて話をさせていただきたいと思います。

平安時代から鎌倉時代までの敏満寺の歴史は、何によって知ることができるかと言いますと、胡宮神社文書の中に、外題に『敏満寺縁起』と書かれた巻子本《かんすぼん》があります。これが、平安時代から鎌倉時代までの文書を引用する形で述べている文書で、重源《ちょうげん》関係のものを除けば、平安から鎌倉時代までの敏満寺を知ることができる唯一の典拠がこの文書であるといえます。鎌倉時代末期の元徳二年（一三三〇）の正月に敏満寺が大尼子郷の地頭代と裁判で敏満寺の敷地がどちらのものかを争っており、そのなかで敏満寺がいかに由緒ある寺であったかを関連の文書を引用する形でまとめられたものです。

『敏満寺縁起』では「敏満寺の場所はもともと朝廷に所属する国衙《こくが》領であった。また、その土地の中に平等院領の大与度荘《おおよどのしょう》があった。敏満寺はそれより前からあるお寺だったので、平等院領大与度荘が成立したけれど、敏満寺の四至《しいし》の範囲は敏満寺として平等院から別途独立する形で存続が認められた」としています。

またさきほど仁木先生が紹介された平安時代の敏満寺の東西南北を示す文書（史料12）は天治二年（一一二五）に書かれたもので、これが敏満寺に関連する最初の確実な文書です。この天治二年の段階で敏満寺がすでに存在していたことは事実です。それ以前では伝承のようなことで言うならば、敏満寺は敏達《びたつ》天皇の勅願であるとか、あるいは聖徳太子が建立したというような由緒があり、遅くとも平安時代には存在していたということになります。天台系の山岳寺院で、山伏が修行する寺院として成立していたのではないかと思われます。

治承四年（一一八〇）、東大寺が平重衡《たいらのしげひら》の焼き討ちにあいましたが、その東大寺を復興したお坊さんが俊《しゅん》乗房《じょうぼう》重源という人です。この重源が、敏満寺と深いかかわりを持ちました。先ほど述べました縁起とは別に、胡宮神社関係の鎌倉時代の文書で現存しているものは、重源の文書ということになります。史料15によると、「東寺の舎利《しゃり》」（=釈迦の骨と伝える米粒に形状が似た白い宝石）を納めた五輪塔があり、これを重源が敏満寺に寄進していると伝えています。「空海が中国から日本へ持ってきた東寺の舎利一粒と、それ以前の舎利とあわせて、合計二粒を敏満寺に安置する。これは真実の仏舎利《ぶっしゃり》であるので、疑いを抱いてはいけません。もし、この舎利が本物であることを疑う発言をしたものは、嘘をついた罪で地獄に堕ちるだろう。ということでこの舎利を敬い供養するように敏満寺衆徒に申し伝えてほしい」と書いてあります。現物は京都国立博物館に寄託されていますが、多賀町立博物館に複製品が展示されています。是非みて帰ってください。

なぜ、敏満寺と重源がかかわりをもったのかということですが、これは、舎利の寄進より以前に遡ります。敏満寺は治承二年（一一七八）とその翌年、寿永二年（一一八三）とたびたび兵火にあい、元暦元年（一一八四）には賊の盗難にもあい、一時、衰微しました。しかし、文治二年（一一八六）本堂を再建しはじめ、翌文治三年（一一八七）に本堂が完成しました。その際に、重源は藤原伊経《これつね》の手書きの額を贈り、これを本堂に掲げました。これが重源と敏満寺の関係のはじまりです。

これ以降、一一八六年から一二〇五年までの二十年間、重源は敏満寺と断続的に関係をもちます。そういった関係のなかで舎利を寄進したのです。そんなこともあり、鎌倉時代に敏満寺は釈迦の骨、舎利を伝える霊場としても栄えたようです。

この重源寄進の舎利とは別のルートでも舎利が敏満寺

に寄進されることがあったようです。これをめぐっては『仏舎利相承図《そうしょうず》』という文書が胡宮神社文書として残っています（口絵3）。この系図は、誰が誰に伝えた舎利が最終的に敏満寺に入ったのかということを記した史料です。重源が寄進した舎利とは別に白河院が元々持っていた舎利が最終的に敏満寺へ寄進されるということになっています。舎利は宝石という一面もありますので、今のダイヤモンドのように宗教的な意味と同時に自分の愛している女性に舎利を与えるというようなこともあったようです。白河院が寵愛した祇園女御《にょうご》に渡したということです。この舎利が最終的には敏満寺に寄進されたのです。

この文書の重要なところは祇園女御の妹が白河院に召され、懐妊し、生まれたのが平清盛であるとされていることです。平清盛が白河天皇落胤《らくいん》であるという説を伝える史料として有名です。現在でもその真偽は研究者の間で検討されているのですが、その重要な史料が、胡宮神社に伝わっているのです。このように敏満寺は舎利の道場として栄えたのです。

最後に石仏谷中世墓地を胡宮神社文書から推測するとどのように考えられるのかということを述べたいと思います。『敏満寺縁起』の中に、今までの先生方の発表で引用されていたものですが、元徳二年（一三三一）ごろの敏満寺の堂舎や鎮守社が列挙されている目録がございます（史料13）。まず本堂のある谷が書かれてありまして、「本堂七間…」とあり、その中に木宮《このみや》両社として胡宮神社も書かれてあります。その次に南谷があって、西谷があって、尾上谷とも呼ばれた北谷があります。このうち石仏谷中世墓地は南谷にあたります。

南谷の一番最初に西福院《さいふくいん》という末寺があります。これは後堀河天皇の中宮の藻壁門院《そうへきもんいん》という人の御願寺《ごがんじ》として建てられました。石仏谷中世墓地のある南谷斜面を北に下った麓に西福寺の小字が残る（口絵10参照）ことを地元の方はご存知だと思いますが、これが西福院というお堂の中心部分だろうということになります。墓地そのものでなく墓地を下ったところに西福院があるということになります。

南谷にあるお寺の中で興味深いのが、極楽寺・往生寺・来迎寺・光照寺など阿弥陀を本尊として死者の極楽浄土への往生を祈願し、葬送と関わるイメージが強いお寺の名前の寺院が少なくないということです。さらに、敏満寺公民館編『敏満寺史』（敏満寺公民館、一九七六年）に掲載されていたことですが、西福院の近くには藻壁門院の墓と伝える石塔が建っていたんだという伝承があります。

こうしたことから考えるならば、石仏谷墓地は敏満寺・西福院の奥院として、まずは鎌倉時代の藻壁門院の供養塔や墓所が営まれ、それが中世後期に敏満寺一般民衆の墓地として広がっていったと推測されるのではないかということです。胡宮神社文書と石仏谷中世墓地の現状とをあわせて見えてくる推測です。

考古学からみる石仏谷墓跡

松澤　修

松澤です。よろしくお願いいします。私の今日の話は、ひとつには石仏谷中世墓地が普通のお墓と比較してどのような特徴があるのかをみていただきたいということと、次に石仏谷の被葬者がどのようなものかを考えていきたいという二つのテーマです。

まず、図の19、20です。19の敏満寺遺跡内名神高速道路多賀サービスエリアの発掘調査（北院坊地区）では、墓跡は平安時代からでてきています。地面を方形に掘り込み人を埋めるというものです。20は一九七八年に、敏満寺西遺跡でほ場整備に伴う発掘調査をしましたが、水沼荘の真ん中の「高畑」地区というところから出てきた建物跡の復元図です。おそらく屋敷の墓だと思われる土坑墓から出てきた遺物を載せたものです。だいたい十一世紀～十三世紀の遺構で、平安時代のものだと思われます。

次に図21は多賀町の楢崎《ならさき》遺跡で出た土坑墓です。これは先ほど言った地面に穴を掘って、木棺を埋めたり、あるいは直接埋葬したタイプで、十三～十五世紀のものです。多賀町の木曽遺跡でも同じように土の中に葬る例がみつかっています。東近江市の建部《たてべ》地区は、中山道から三つの枝道と御代参《ごだいさん》街道が集まるところで、当時の主要な中心地域でした。図22の北町遺跡では掘立柱建物がありまして、その廃絶後に土坑墓をつくるという例です。ここから出た遺物でだいたい十三世紀を中心にしたものです。図23は建部下野遺跡でSKという記号のところが直接遺体を埋葬した遺構です。ここから出た遺物も十三世紀ころのものです。

図24の日野町大谷墳墓跡は日野町の北部にある遺構で

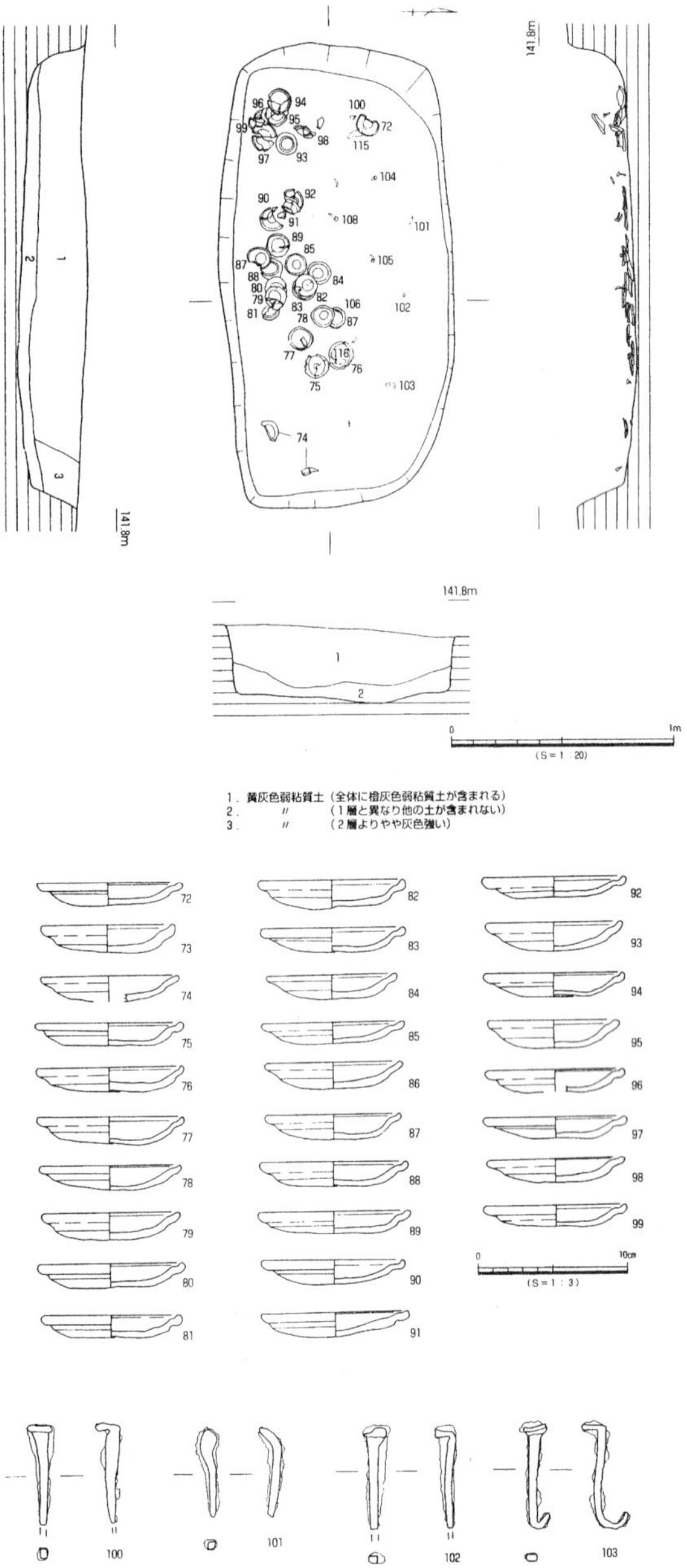

図19　敏満寺遺跡（名神高速道路多賀サービスエリア改良事業に伴う発掘調査）土坑墓
（『敏満寺遺跡』［㈶滋賀県文化財保護協会、2004年3月］より）

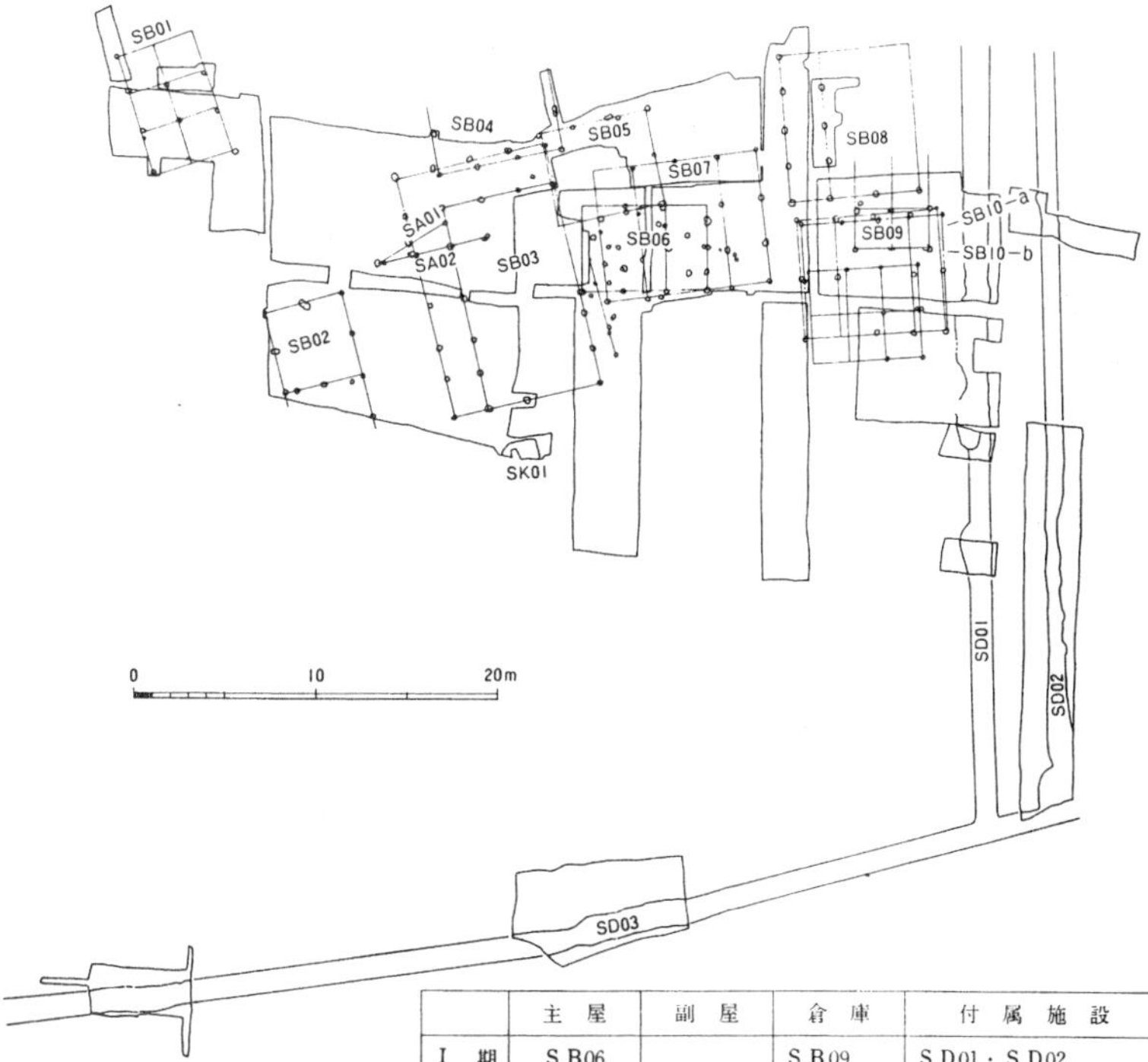

	主　屋	副　屋	倉　庫	付　属　施　設
Ⅰ　期	ＳＢ06		ＳＢ09	ＳＤ01・ＳＤ02
Ⅱ　期	ＳＢ07	ＳＢ04	ＳＢ10a－b	ＳＤ01
Ⅲ　期	ＳＢ08	ＳＢ05	ＳＢ11	ＳＤ01
Ⅳ　期	ＳＢ03	ＳＢ02	ＳＢ01	ＳＡ02 ＳＤ01・ＳＡ03・ＳＫ01

各期遺構対照表

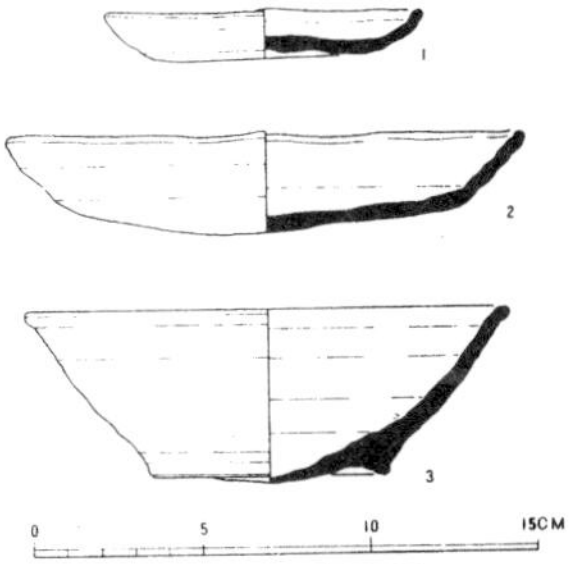

土坑跡（ＳＫ01）内出土遺物実測図

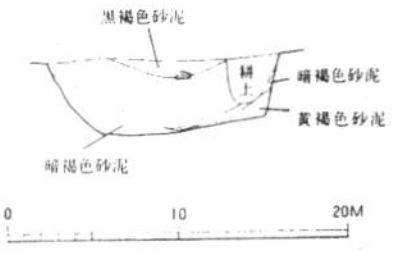

図20　敏満寺西遺跡　高畑地区遺構図ならびに土坑出土遺物

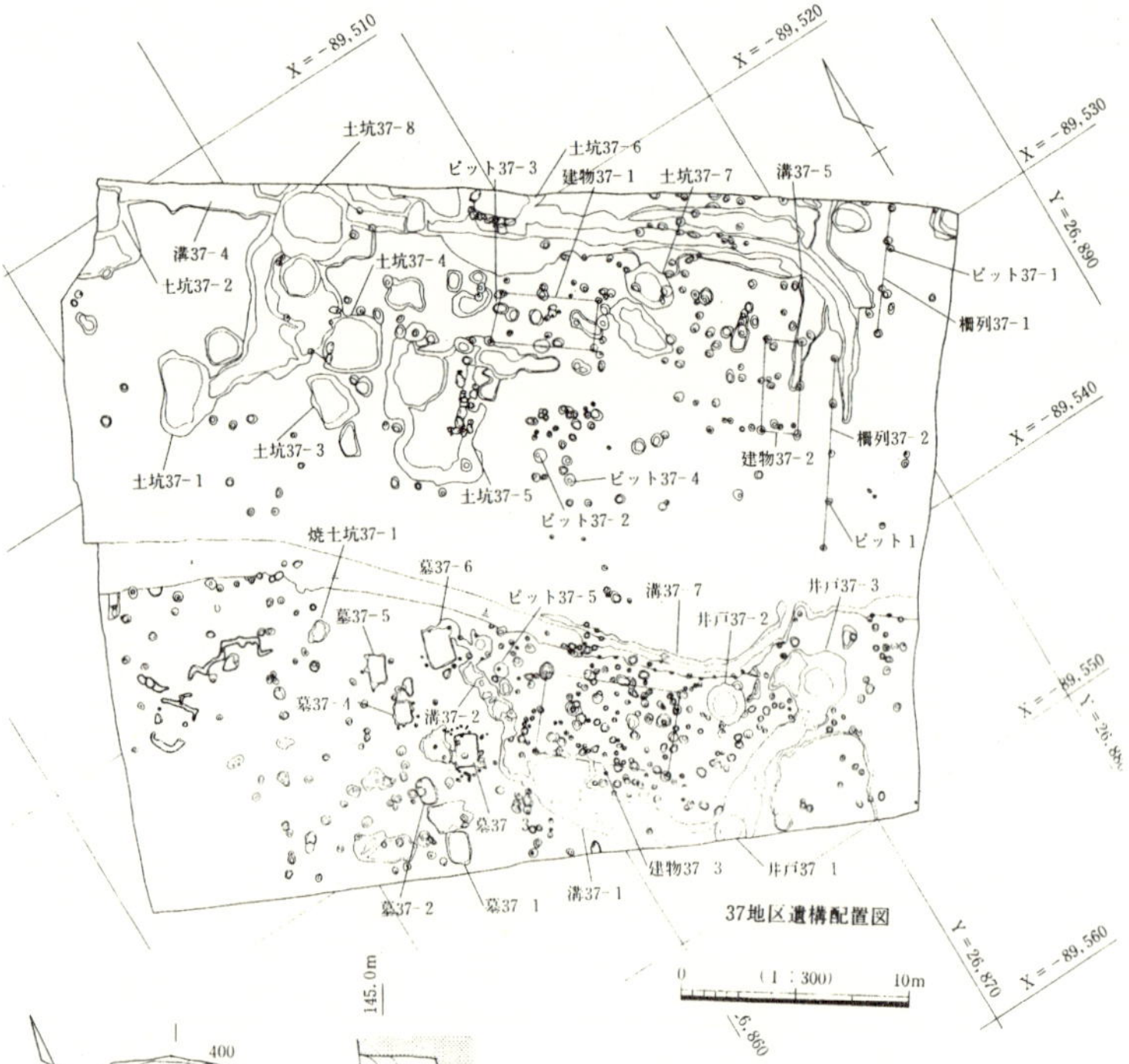

37地区遺構配置図

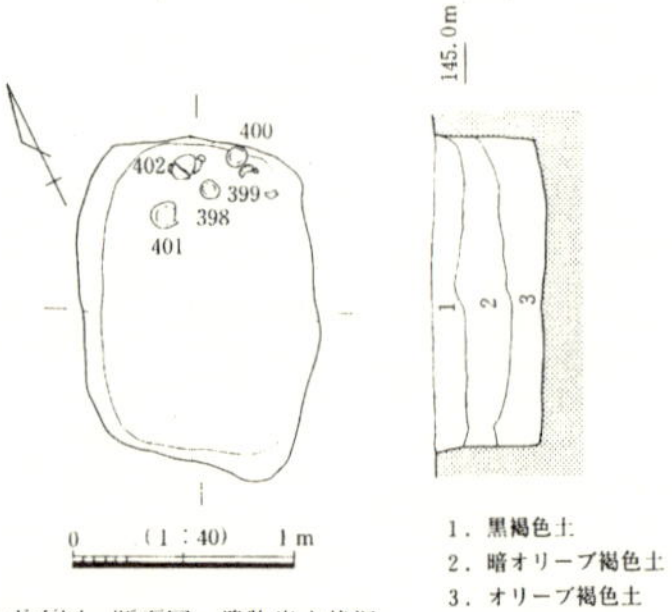

墓37-1平面図・断面図・遺物出土状況

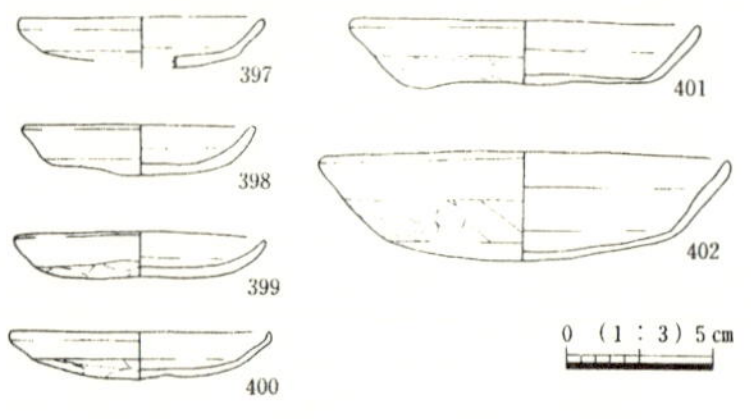

墓37-1出土土器実測図

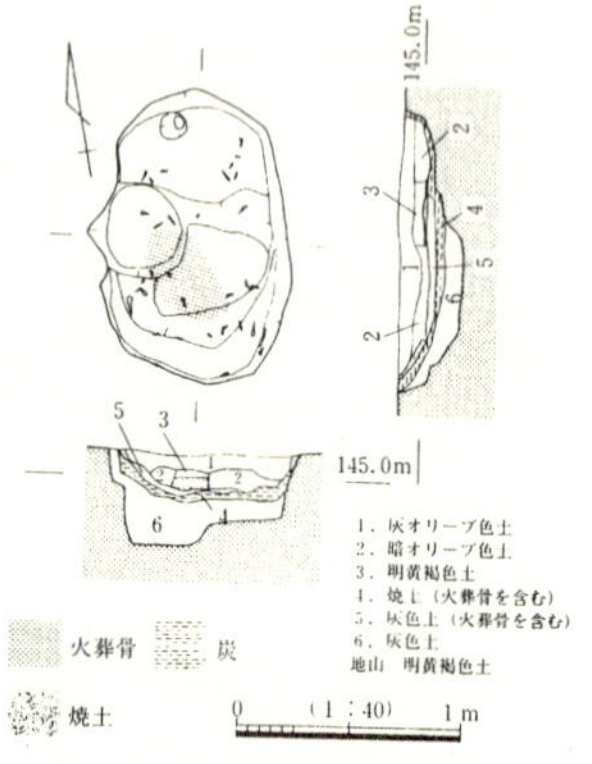

墓37-2平面図・断面図・遺物出土状況

図21 多賀町楢崎遺跡 土坑墓

図22　八日市建部北町遺跡掘立柱建物跡と土坑墓

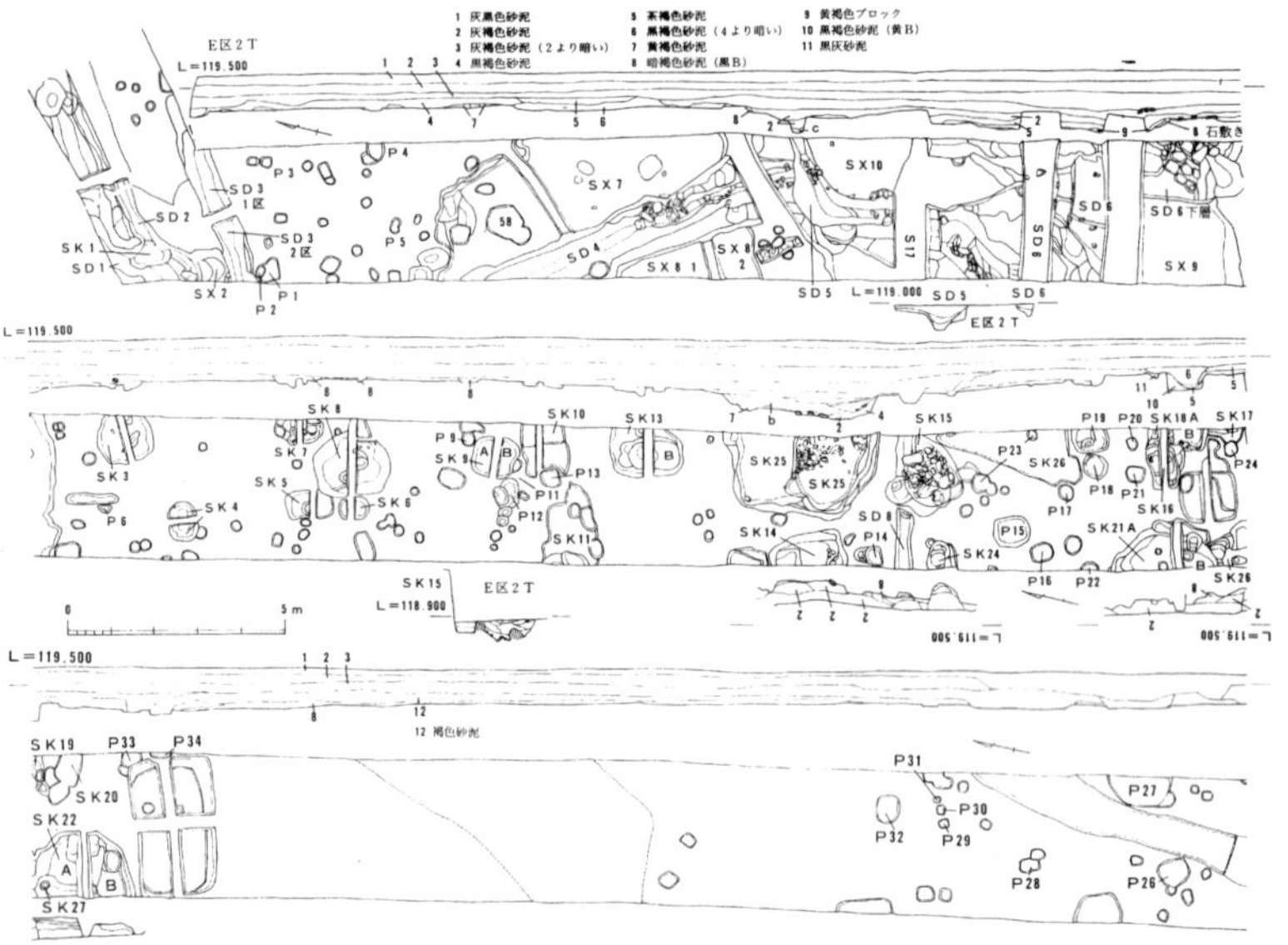

図23　八日市建部下野遺跡　土坑墓

石組のお墓の中に蔵骨器を入れているので、かなり有力な人たちのお墓であったと思われます。図24の上図は、真ん中に斜線を引いた土坑を伴う方形の石組の区画と石組だけで方形に区画するものがあります。このような石組の墓ですと、まず基準になる一つの墓があってそれから斜線の引かれたお墓が次々と築かれていくというのが、基本的な形です。図25の比叡山の横川《よかわ》霊山《りょうぜん》中世墓跡では、経塚《きょうづか》（経文を入れた遺構）がつくられています。頂上に宝塔がたてられ、中心の施設があって、それに向かってお墓がつくられているもので、ここに蔵骨器がつくられています。石仏谷ですとか日野町の大谷遺跡（図24）のように石組を使っていませんで、土の中に穴を掘って蔵骨器を直接地面に埋める形です。図7の百済寺遺跡では、黒い線で囲ったところと、黒く塗りつぶした点の二ヵ所で墓が発見されています。ここは図26にありますとおり、墓は方形の区画で、出てきたものは図に載せてあります。この中で、興味深いのは、遺物（蔵骨器）は十四世紀ですが、蓋としては十五〜十六世紀につくられたものが使われています。つまり年代差があるということで、古いものを新しい時期に使用している可能

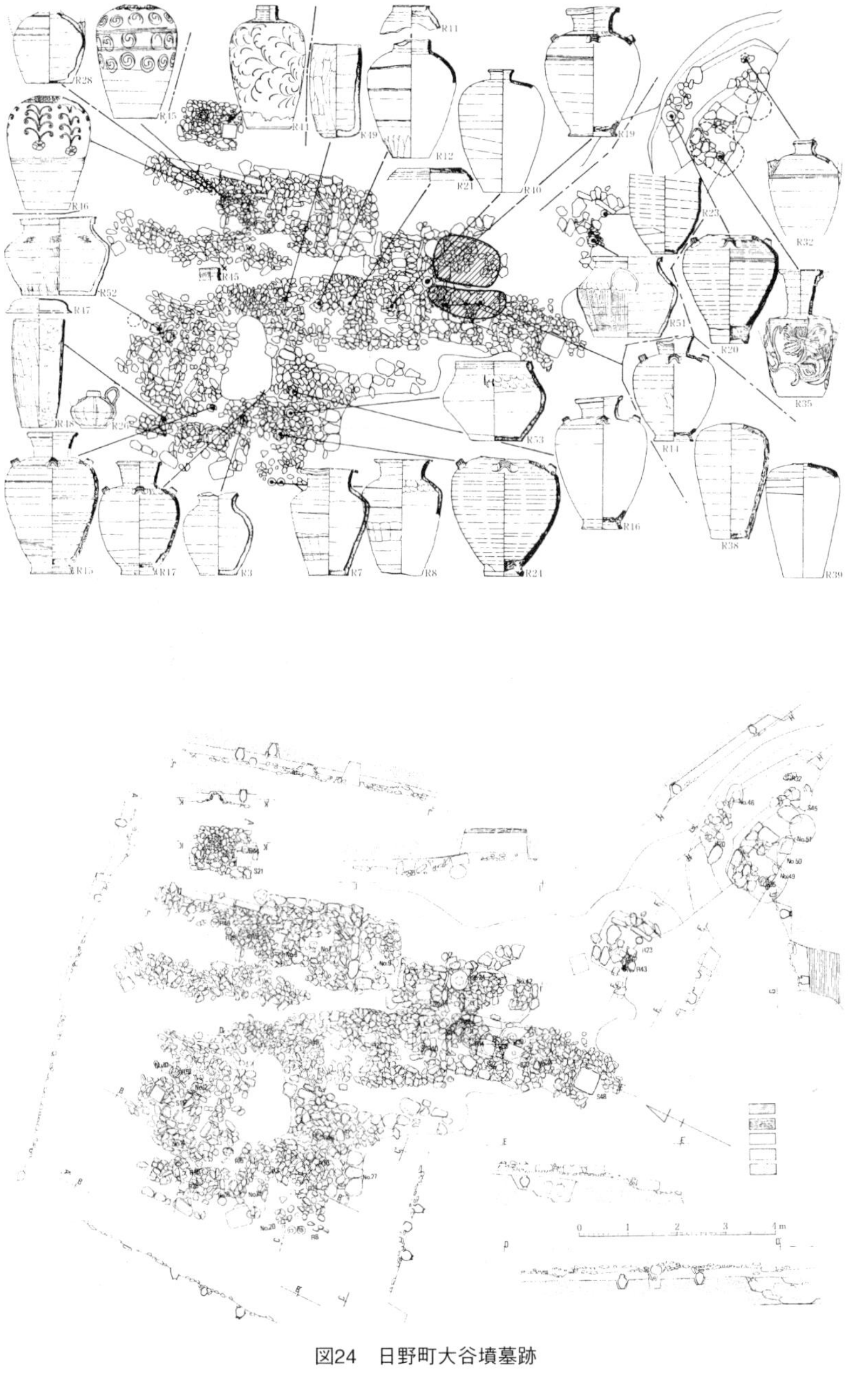

図24　日野町大谷墳墓跡

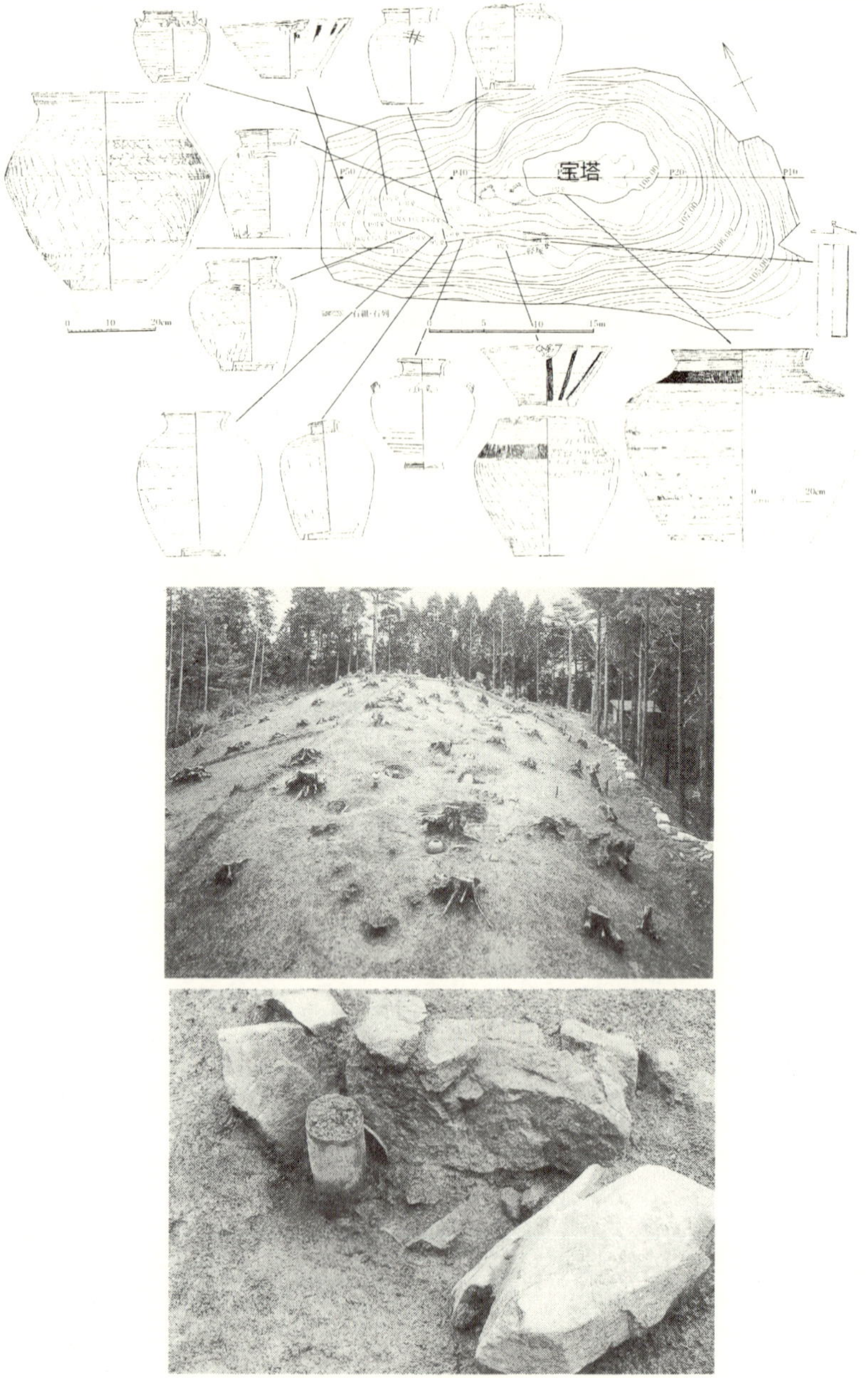

図25　比叡山横川霊山中世墓地

図26　百済寺遺跡石組み墓

性が高いという遺跡です。

図27から29にかけては石仏谷中世墓地の概要について載せてあります。大体、石仏谷には、大きな二つの流れがあると言えます。先ほど鋤柄先生からお話がありましたように図1のA区とG区の二ヶ所に当初の墓が造られ、それがだんだん山の上の方へ移っていったんではないかという考えをもっています。

まず図27に載せたA区の墓として長大な塚状のものが一時期に造られています。通常の中世墓地ですと一メートルから一メートル二〇センチくらいの方形の区画を造るのですが、これは八メートル×二メートルの長大な区画を一時期に造っているという極めて珍しいものです。ここのお墓の特徴は、石垣（道と書いてある上の黒丸）を有することです。その下に下段の堂舎につながる道があり、上の方のA区の墓と下の堂舎が同じ時期に造られているということが発掘でわかりました。ですから、南谷の墓は南谷の坊院と同時期に造られていたということがわかります。さらに長大な墓を造っておりますので、かなり長い期間、使用するつもりで、計画的に造ったお墓であるといえます。

図28のG区も非常に古い時期から新しい時期まで造られたお墓です。他の地区の墓とは違いまして、平地に盛り土をしないで、平らな場所に穴を掘って蔵骨器を納めるというタイプで、長期間造られています。

ですからA区とG区は道や堂院と同時期に造られて、長期間使われていたということになります。それぞれ別の地区ですから、違う場所で二つの墓が造られ、永続的に使われて、その後、それぞれの上方へ墓が築かれて、現在の石仏谷中世墓地を形成していったということになります。

図29のB区とF区ですが、山の斜面をカットして平坦部をつくって石仏をおき、その下の斜面に蔵骨器を埋めるという、全国的にみてもここだけであろうという特別な埋葬施設です。最初に造られたA区とG区以外は全部この方式で造られているというのが石仏谷中世墓地の特徴です。山の斜面を利用した珍しい墓地であると言えます。

これらのことを考えますと、石仏谷は特殊な、ある限られた集団の墓ではないかと思われます。南谷に、細川先生の紹介にありましたように西福院の関係の施設が存

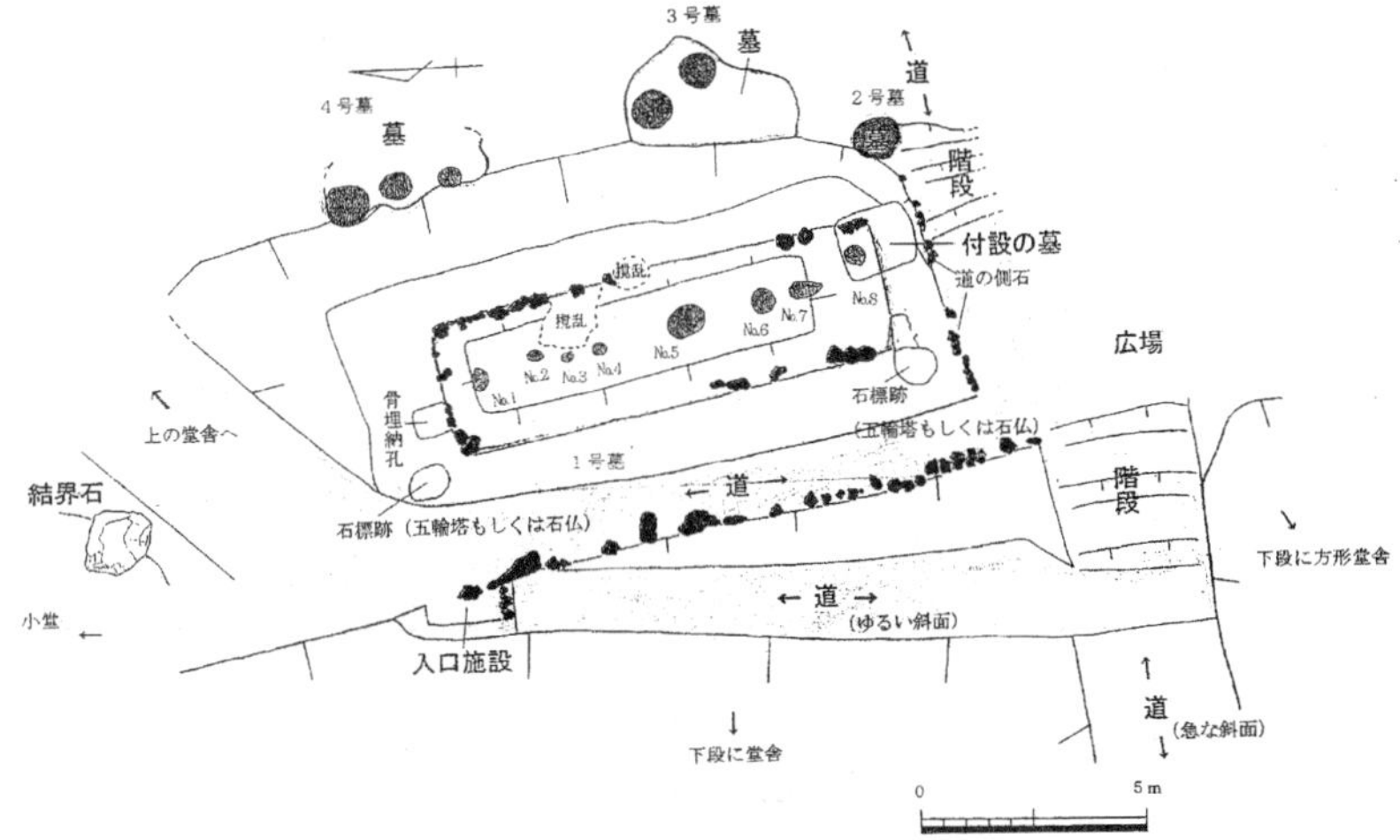

A区墓地構造想定図

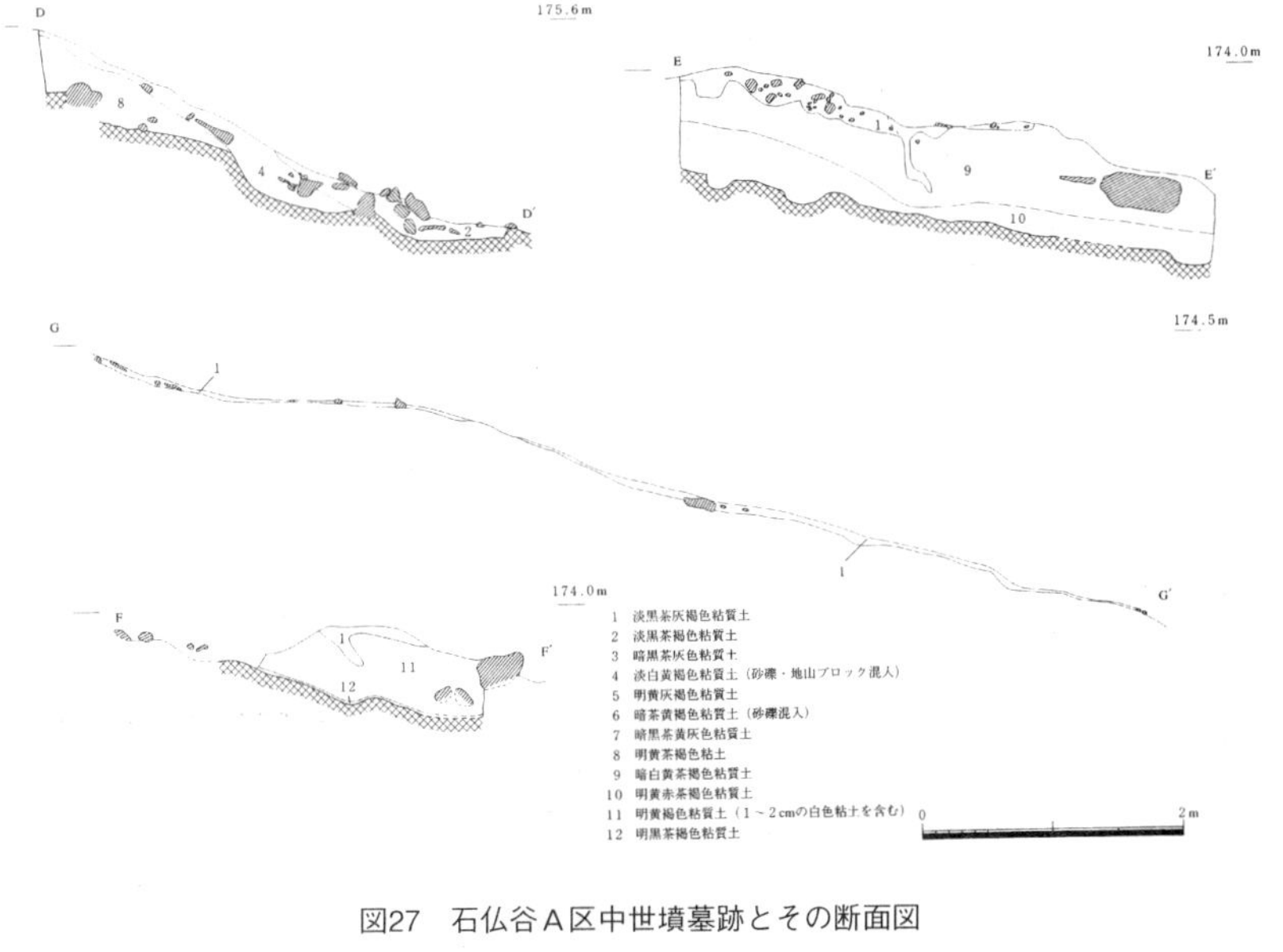

図27　石仏谷A区中世墳墓跡とその断面図

図28　石仏谷G区中世墳墓跡

図29　石仏谷Ｂ区・Ｆ区墳墓跡

在していたということなどを考えますと、この西福院の僧侶あるいは関係者が葬られているのではないかと考えられます。

また石仏谷のもう一つの特徴は、お墓自体の一つ一つが非常に大きいということです。さきほどみました日野町大谷遺跡では、一つのお墓の脇に、結びつくような形で別の墓がつくられている、いわゆる家族墓的なものです。石仏谷はこれとは違う種類のものと考えられます。やはり南谷の坊さんが葬られているのではと私は考えています。

もう一つ言わなければいけないのが、西谷地区（《北院坊地区》）で確認された遺構は町屋でなく、堂院であったのではないかということです。西谷でも細川先生の説明がありましたように多くの坊院が存在したことになっています。図15のように、ここの施設を町屋としますとどこに坊院が存在したのかということになります。私はあの町屋だとされている空間は、坊院や宿坊の施設の一部ではないかと考えています。これで、私の話を終わりにさせていただきます。

討論

敏満寺は中世都市か？

コーディネーター　仁木　宏
パネリスト　鋤柄俊夫
中井　均
細川涼一
松澤　修

仁木　宏氏

仁木　それではシンポジウム（討論）を開始させていただきます。それぞれの先生方からいろいろなお話をしていただきましたが、とても全部の問題について論じることはできないと思います。また必ずしも確定した結論を出すのが目的ではなく、むしろ何が問題なのか、何が面白いのかを会場のみなさんにわかっていただく。こういうふうに学問的には対立しているが、どっちが正解かなと、みなさんに考えていただくということになるかと思います。会場におられる方に発言を求めることもあると思いますし、会場の方からのご意見もお伺いしたいと思っておりますのでご協力お願いします。

これから話題にすることは大きく分けて三つあります。一つは重源の時代について事実確認をしたいと思います。それから、大きなテーマの一つ目は石仏谷中世墓の評価についてです。すでにお気づきかと思いますが、そこに葬られていた人がいったいどのような人かということは発表いただいた先生のなかでも意見が違っていました。もう一つは先ほど私も発表させていただきましたが、「敏満寺は中世都市か？」ということです。これまで知られている県や町の発掘資料と文献資料、さらには今日、私の方からも新しい資料を示したのですが、こういうものも含めて、中世都市として考えられるのかどうかを三番目の論点としてみたいと思います。

重源と敏満寺

それでは一番目のテーマとして、重源のことです。主に細川先生と鋤柄先生にかかわると思います。細川先生からは、重源が敏満寺を重視していて、さまざまな形でアプローチをしている、それも長期間にわたるんだというお話をいただきました。ではどうして重源は敏満寺を重要視して、てこ入れしていたのかということをお聞きしたい。敏満寺の重源以前からの宗教的な位置づけですとか、地理的な立地が関係するのか、そのあたりをご説明いただけたらと思います。

細川　最初からなかなか難しいご質問です。

考古学の成果では、石仏谷中世墓地が始まった最初が十二世紀ということですので、重源と石仏谷中世墓地の成立とを結びつけることは難しいと思います。文献史料を見る限り、もう少し後の藻壁門院の西福院のあたりから石仏谷中世墓地との関連を考えていくということにならざるをえないでしょう。

その上で、ですが重源は生涯をかけていろいろなことをやっています。しかし敏満寺の縁起のなかには重源は出てこないで、むしろ天台宗の慈円などが登場します。鎌倉末期にまとめられた敏満寺の縁起ですから、重源との関係があるということをもっと主張してもいいはずですが、敏満寺側は強調していないという不

細川涼一氏

思議さがあります。そのことをどう考えるかが一点です。

もう一つ、『南無阿弥陀仏作《さ》善集《ぜんしゅう》』という重源の書いたものを全体的にみても不思議な点があります。だから①重源の舎利信仰など全般を考えること、それから鋤柄先生のお考えをお聞きしたいのですが、②『南無阿弥陀仏作善集』に出てくる全体的な宗教活動のなかで、近江の交通の要衝にあたる敏満寺が重源にとってどのような意味があったのかということなどを、今後考えていかなければならないと思います。

仁木　重源の史料をみていると敏満寺にかなりてこ入れしていることがわかるけれど、何度もでてきております敏満寺のつくった縁起（一三三〇年頃）には重源がまったくでてこないという「ずれ」ですね。ここに敏満寺側の意識と重源のかかわりとのギャップがあり、これが敏満寺の性格を考える意味では非常に大きいのではないかと思います。

それでは先ほど、細川先生がご指名しておられました鋤柄先生。先生は広く近畿地方を中心に中世全般を論じていらっしゃいます。石仏谷だけに限らない地域的広がりのなかで、重源の全体的な構想を解明し、特に交通路の中での敏満寺の位置づけなどできるのではないかということでしたので、お考えをお聞きしたいと思います。

青龍山

鋤柄　非常に大きなテーマですので、にわかにはお答えできないのですが、まず私の話できちんと説明できていなかったことを補足させていただこうと思います。

私は敏満寺の報告書の中で石仏谷の近くに重源はいたんだと書き込んでしまいましたが、同時に、この遺跡そのものが重源のいた遺跡ではないという、ちょっと回りくどい言い方をしております。

どういうことかと申しますと、先ほどの私の話で、遺跡の年代をまとめましたが、それによると、ある時期に石仏谷で大きな造成があったということが言えると思います。それがいつかというと、遺物の量がピークになる十三世紀代後半ではないかと考えています。十三世紀後半のある時期に大造成をし、その上にりっぱなお墓ができたというのが石仏谷遺跡の原型だろうと思います。そうなると、物理的に重源はこの石仏谷の風景の中には入れないということになります。

しかし、この石仏谷から見つかっている遺物の中には十二世紀の終わりに遡れるものもあります。また、史料12にあるように、敏満寺は「霊験《れいげん》の聖跡《せいせき》」といわれており、その一番の中心が青龍山であるということは、みなさんもよくご存知だと思います。青龍山の中腹に大きな岩磐がありますが、それがポイントになります。いわゆる山岳信仰に必要なモニュメントですが、それを見上げる場所がこ

青龍山岩磐

の石仏谷になります。さらに、奈良時代に遡る水沼荘の開発の中心になった大門池を見下ろす場所がやはりこの石仏谷になります。

つまり石仏谷という場所の大造成は十三世紀の後半だったけれども、十二世紀に遡るその源流は、奈良時代から引き継がれたものではなかったかと思うのです。そうなると、今は胡宮神社を中心にして北へ広がるイメージがありますが、重源がやってきた敏満寺は、そうではなく青龍山を背後に西をみる姿の中にあったのではないかと思うのです。

それから、私は考古学の人間ですので畑違いになりますが、なぜ重源が敏満寺を選んだのかということについて。何回かこれまでのお話に出てきましたが、奈良時代から東大寺領水沼荘としての関係があり、さらに畿内から北陸や東国に向かう交通の要衝であり、それも水上交通と陸上交通の要の場所だったということが、重源が北陸方面への勧進に際してこのあたりを重要な場所として重視した理由ではないかと思われます。

重源は南河内の狭山池の開発に力を入れ、木津川水系に木屋をつくるといったように、各地に拠点を作り上げながらネットワークを広げていく、プロデュースに秀でた人物だと私は感じております。そういう点で、この場所が、奈良時代からの潜在的な歴史の力と、それを中世においても拡大させることができる力をもっていた交通の要衝であったというのが、重源をこの場所に導いた理由ではないかと考えています。抽象的な話になりましたが、これで終わります。

細川　繰り返しになりますが、現在わかる平安時代から鎌倉時代の敏満寺の歴史は、鎌倉時代末期の段階で取捨選択された史料にもとづくものです。その取捨選択の中で、天台系の山岳寺院としての敏満寺という方向にかかわる文書が、ある意味選ばれているのではないかという気がします。従って、鋤柄先生がおっしゃたことで言えば、この辺りが古代から鎌倉初期には、東大寺とのかかわりも持っていたのが、鎌倉末期の段階で敏満寺の歴史を回顧するさいに東大寺とのかかわり、重源とのかかわりは捨て去られる方向で整理された可能性があると思います。鎌倉末期の段階で、天台宗の寺院としての敏満寺という方向で歴史が取捨選択されたのではないかということです。このことは今後の検討課題だと思います。

仁木　重要なご指摘であったと思います。私を含め、文献史学専攻の研究者は残っている古文書をもとに歴史を描こうとするのですが、その残っている古文書がある段階で取捨選択されている、意識的に東大寺や重源を消すような作用が鎌倉時代末期にあったのではないかということになりますと、文献史料だけにもとづく研究は難しくなると思われます。

飯盛木

敏満寺をめぐる交通路

先ほどの鋤柄先生の話に出てまいりました、敏満寺という場所の交通上の位置づけを論じたいと思います。現在の交通体系では、失礼ながら、この多賀は滋賀県のなかでは「はずれ」のほうに位置します。しかし、中世には陸上、水上の交通上重要な位置にあったのではないかというご持論をおもちであるということで、松澤先生からお話をいただければと思います。

松澤　そんなに熱心に研究していませんが。まず、陸上の道としては中山道に続く多賀道があります（図39参照）。この道は現在はまっすぐ高宮からきていますが、古い段階では現在の飯盛木あたりで曲がっていて、岡山から南側を通って多賀に入ったのではないか思います。もう一つは甲良町の尼子から小川原《こがわら》を通って多賀大社へくる小川原道というのがあります。さらに甲良《こうら》町の北落《きたおち》から二の井あたりを通って大門池の北側を通って敏満寺へくる道があります。これは、名神高速道路の下で発掘された南大門（仁王門）に通じることでも明らかなように、当時の主要な道の一つであったと思います。これらの敏満寺にくる道がさらに多賀大社を通って、「五僧越《ごそうこえ》」という美濃へ抜ける道につながります。商人が大いに利用していた重要な道です。そういう交通の要衝にあったということです（図39参照）。

松澤　修氏

もうひとつ言わなければならないのが、先ほど仁木先生が報告された港町のひとつが、八坂町《はっさかちょう》付近にあったのですが、ここから犬上川を高宮、そして敏満寺へとさかのぼる舟運、つまり船の道があったということです。このように重要な道が何本かありますが、それらを統括するという位置を敏満寺が占めているのではないかと考えています。

仁木　われわれの意識としては彦根を中心としてしまいますが、彦根は近世以降の都市です。佐和山城や六角氏の観音寺城、湖東三山を結ぶ山添いの道など、今とは違う交通体系の中で多賀社や敏満寺を考える必要があるのではないかと思います。

石仏谷墓地の性格

それでは石仏谷の問題に入りたいと思います。今日の先生方のお話を聞いておりまして、かなり主張される内容が違うのではないかと思うのですが、その差異を強調するような形でまとめなおさせていただきたいと思います。まず、細川先生からは、史料13の南谷のお寺に注目されまして、極楽寺・往生寺・来迎寺・光照寺という名前から、「阿弥陀を本尊として死者の極楽浄土への往生を祈願する死者の葬送とかかわる寺号を持つ寺院」であるとされました。このような寺院に結集するのは必ずしも社会的に階層が上の人たちだけでなく、一般の民衆がかかわっていることが多い。つまり最初は敏満寺や西福院の関係者の墓所であったかもしれないが、中世後期には一般民衆の墓地として広がっていった可能性が考えられるのではないかというお話でないかとお聞きしました。

それに対しまして松澤先生は、図1のA区とG区が巨大で永続性があり、さらにそれに続くB区やF区も特殊な構造をもっていて、近江国内の他の地域の墓地とは違う構造を持っている。つまり特別な集団が石仏谷を経営していたものだと考えられる。その集団というのは西福院関係の僧侶で特別な葬られ方をもっているこの集団が永続的に使っていたから特別な形だったんだというご指摘だとお聞きしました。

お二人に論じていただく前に、鋤柄先生から、考古学の立場から松澤先生へのコメント、もしくは鋤柄先生ご自身のご見解、葬者や時代的な変化が認められるのかどうかをお伺いしたいと思います。

鋤柄　細かな話になって恐縮ですが、私のイメージしております風景は、図1のようなものになっています。

まず、さきほどから何度も紹介のありました図27のA区の墓ですが、長さが八メートルの長方形型の墓で複数の蔵骨器が入っているというものです。このよう

鋤柄俊夫氏

な墓は数は少ないのですが、鳥取県の米子でみつかっています。それをもって山陰地方との関係が考えられるかどうかはまだ検討中ですが、この水陸交通の要衝にある遺跡の性格を考えるときに、非常に魅力的な手がかりだとは思います。

さて、石仏谷の墓群は、このA区を中心に語られるわけですが、図1にみられるようにA区の左（北）側にJ区という平坦面があって、さらにその上側（東側）にもふたつの平坦面があります。J区とあわせて二重丸を付けておきました。さらにこの三つの平坦面の内、一番上と一番下の平坦面の右端（南端）に結界石と思われる大石があります。

そうなると、A区より上の斜面は調査ができていませんが、おそらくJ区という平坦面とA区という長大なお墓がセットになっており、ここではそれが、その上の段とさらにその上の段という形で三つあったのではないかと思います。これらが西福院かどうかわかりませんが、敏満寺を指揮した中心的な僧たちが葬られていた場所と関係する施設だと思います。これは他の先生方も同じ意見だと思います。

問題は、B区・D区・G区などの、A区から崖になって一段下がったところにある墓です。一見すると石塔類が雑然として広がっています。これらが誰のものかということで、敏満寺を構成した多くの僧房（院坊）の墓ではないか、あるいは村の墓ではないかと考えられるわけですが、私はその区域から得られたひとつの情報として、京都的な葬られ方をしている遺物に注目しています。これはA区の墓の葬られ方に対してという意味で、敏満寺の中心集団ではない僧で、しかも京都との関係を持った人物だったということが考えられるものです。しかしこの地区は、この墓以外にも多数の石塔や当然墓があると思いますから、この情報でこの地区の性格を一元化することはできないと思います。

墓の時代も考えなければならないと思います。非常に難しい説明なのですが、石仏谷墓地を全体で見ると、最初につくられたのは、やはり敏満寺の中心にあった僧たちの墓で、その後時代が下がるに従い、葬られた人たちの種類も広がり、葬られる場所もA区から（右側）南へ広がっていったと言えるのではないでしょうか。

そして、そのなかで当初の敏満寺を中心としたお墓の制度的なあり方が崩れていくと、その中に村の中の有力者も葬られていった可能性も考えられます。しかし、現在得られている情報からは、それ以上のことを言うのは難しいとお答えをさせていただきたいと思います。今後の遺跡の研究と活用に関わる重要な課題でしょう。

仁木　考古学的な見地からはなかなか難しいということですが、松澤先生から補足で何かございますでしょうか。

松澤　南側の地区ですが、これは北側のＡ区に続く斜面のお墓以後の時期のもので、Ａ区とＧ区を除いた場合と同じような造りをしているということが指摘できます。さらにＧ区は下の段のＨ区の方形堂舎から続いてくる道が当初から造られている。つまりＡ区とほぼ同じような形で当初の墓、いちばん古い墓が造られているということが指摘できます。

その他Ａ区に続く東側の山側のお墓とＧ区に続く東側の山側のお墓は同質であろうと考えています。それは先ほど述べたような、斜面をカットしてそこに平坦面をつくってその下の斜面に蔵骨器を入れているという形態が、Ａ区・Ｇ区以外は普遍的につくられているということから考えられます。

仁木　ありがとうございます

石仏・石塔の評価

細川先生のご発表の最後に紹介もありましたが、本日会場には勝田至さん、高田陽介さんという、文献史、あるいは歴史民俗学の立場から中世の葬送をめぐって研究をされている第一人者が来られています。敏満寺の葬送をめぐる新しい史料を発見されたということです。午前中に現地見学にも行っておられるということ

勝田　至氏

とですので、今までの討論をお聞きいただいた感想も含めてお聞かせください。

勝田　勝田と申します。現地をみた感想をもとにお伺いしたいのは、あの遺跡には石仏谷という名前のとおりに無数の石仏、石塔がありますが、大部分が十五世紀の後半から十六世紀後半の一〇〇年くらいのものだろうと言われています。ところが今日の鋤柄先生のお話では、発掘調査された部分で出てきた骨蔵器などの年代をみると十三世紀から十四世紀が中心で、十五世紀はもっと減ってしまうため、あの墓地は十五世紀以後は衰えるというのですが、にもかかわらず十六世紀ころに急に石仏が増えてきます。しかし掘ってもその石仏にかかわるお骨がないということは、石仏の性格はどのようなものかということです。例えば昔発掘された静岡県磐田市の一の谷中世墳墓群では、墓地と都市の発展とを結びつけて議論されていましたが、石仏谷と敏満寺の都市的性格を結びつけるのであれば、石仏の性格について考古学の先生方はどのようにお考えになっているのか質問したいと思います。

次に文献のことでひとつ触れておきます。応仁の乱の直前に守護の京極持清と敏満寺とが対立し、それに関連して比叡山の衆徒が朝廷に訴え出たという史料があります（史料16）。これについて、『応仁略記』という軍記には、この時に用水のことで京極氏が兵を派遣して敏満寺を一堂残らず焼いてしまったため、続いて

高田陽介氏

延暦寺が怒って訴えたという話があります（本書99頁参照）。史料16では山門が訴えたとありますので、焼いたことも事実とみてよいのではないかと思います。

報告書を拝見しますと南谷の石仏谷をとりまくテラス部分から、十六世紀の陶器片がたくさん出てきています。また、焼土も一部で確認されていますが、その性格はよくわかっていないということです。浅井氏が焼いたのかも知れないし、火葬場跡かともかかれていますが、文正のころに焼けたかは発掘からはわからないことになります。もし文正の時に京極氏が敏満寺の堂舎を焼いたけれども、南谷は焼かなかったと考えると、その後敏満寺では、墓地経営をして再建の一助とするような方向に動いていったということになり、そこで石仏がたくさん出てくるということともつながってくるのではないかと想像しました。

あと文明十七年（一四八五）ころに京極高清という守護になる人が家臣団との対立から敏満寺に隠居したということが『江北記』にでてきます（本書99頁参照）。おじいさんの持清が敏満寺を焼いたのに、孫の高清が敏満寺に隠居したということからすれば、本当に文正年間に焼いたのかということにもなります。

高田　高田と申します。史料17は、十五世紀末くらいに敏満寺が京都の朝廷に対し、火葬場をつくりたいので許可してほしいと願い出たので、それを天皇が許可する、ということを伝える史料です。この史料も含めて、敏満寺関係の古文書と

一石五輪塔

石仏

か記録などの史料は、仁木先生が編集なさっている『新修彦根市史』第五巻史料編「古代・中世」でもれなく活字化されています。関心のある方はご覧になってください。

勝田さんが話されたとおり、石仏谷で一番心惹かれるのは地上に露出している石仏や石塔です。松澤先生のように、寺僧の墓地であったとすると、立派な五輪塔が立っていたはずです。各パーツを独立にモールドして突起をほぞ穴に入れて組み合わせて立てるという五輪塔で、今日、博物館でおこなわれている石仏谷遺跡の展示でも水輪という人の頭の大きさぐらいの丸いパーツが並べてあります。こういう立派な五輪塔を立てて供養してもらえるのは、確かにかなりの身分と財力のある限られた人であると思われます。

しかしその一方で、かわいらしい石仏とか、一つの石材に彫り目を入れて五輪塔を作った、一石五輪塔とよばれる簡単な五輪塔も沢山並んでいたと聞いております。だとすれば、もう少し広い階層の人たちが墓地を利用したのかな、と思われます。考古学の発掘調査にあたられた先生方の間で、石仏谷墓地を使っていた人々の範囲について見解が大きく割れている、と承りましたので、これから大いに率直に議論を展開していただけたらと思います。

仁木　ありがとうございました。いま、石仏谷にいかれますと一石五輪塔とか石仏が沢山あります。そのなかには十五世紀後半から十六世紀のものがあります。そういうものが普段目に見える形にあり、あるいは今回発掘調査が行われるまでは地上に多く露出していたということです。そのようなものをつくるのは決して身分の高いお坊さんでなく、むしろ一般民衆で、そういう人たちを供養するものではないか。だとすると石仏谷は十六世紀には民衆の墓地になったのではないか、というのがお二人のご意見であったと思います。

鋤柄　石仏谷遺跡を見るために非常に重要なご質問をいただきました。実は石仏谷遺跡を見るためにはふたつの見方が必要なのです。この遺跡は地中から見つかった遺物と地表に見える遺物でふたつの顔を持っているのです。

先ほどのご質問に戻りますが、主に議論していましたのは、十三世紀から十五世紀のお墓の被葬者が誰かということでした。しかしこれに対して地表に残された資料は、主に石塔ですが、みなそれより新しい戦国時代以降のように見える。これはどういうことかということです。

実は今まで話題にあげていましたのは、地中から見つかった骨蔵器を主体とした資料なのです。それでその被葬者がどのような人だったのかを考えていました。そうするとあくまで始まりは敏満寺をリードした僧たちが中心になると思います。そしてそれに村の有力者が加わる可能性も考えて良いとは思います。

ところが地表面に残された石塔群はそれより新しい時代で、これは一体なんなのかということです。そこで思い出していただきたいのが、先ほどもお話をいたしましたが、敏満寺遺跡の中心が十五世紀代を境に大きく西向きから北向きに変わっているように考えられるという点です。敏満寺石仏谷墓跡という遺跡は、単独で存在している遺跡なのではなく、あくまで敏満寺という歴史遺産の中のコンテンツなのです。だからもっと視野を広げて考えなければいけない。骨蔵器主体の墓とその後の時代の石塔主体の墓の関係が、この敏満寺遺跡全体の動向に連動すると思うのです。

つまり十五世紀代を境にして、ここに葬られるような人たちの墓は別の場所に移動して、今、目の前に広がっている十五世紀後半から十六世紀にかけての石仏谷墓地の風景は、それ以前とまったく違う論理で造られたのではないかということです。それが戦国時代を中心とした石塔群の意味だと。そしてそれが具体的になにかというと、私のイメージでは当然お寺主体でなくて、村の人々主体のお墓であるということで良いのではないかと考えます。

仁木　松澤先生はどうでしょうか。

松澤　それとはまったく反対でして、あくまで最後まで南谷の僧侶の墓だと思います。何故かと申しますと、石塔がお墓の一部として使われているという実例が

C区にあります。C区のお墓の石塔や石仏は今、御両人がおっしゃったように十六世紀前半から中葉にかけてのものです。そういうものがA・G区以外のお墓の中に各自取り入れられているということは、確実にそれらが南谷の堂院と一体化した、僧侶のお墓の一部であるということです。

石仏が大量に使われたC区では二ヵ所の埋葬部を確認しました。そのうちの一つは蔵骨器が抜き取られているのですが、もう一つの蔵骨器は十三世紀から十四世紀のものです。ですから、蔵骨器と石仏の間には時代的なギャップがあります。先ほどは百済寺の事例を紹介しましたが、古い蔵骨器の上に新しい土師器の皿が置いてありまして、その間に一〇〇年とか二〇〇年のギャップがあったということです。古い蔵骨器と一緒に新しい時代の石仏が使われているというのが石仏谷の実態であると私は考えております。石仏は新しいけれども蔵骨器は古いという形式のお墓が、新しい時期のお墓としてあるんだということを認識していただきたいと思います。

仁木　ありがとうございます。考古学の立場で土の中に埋まっているものを重視するか、地上に残っている石塔や石仏を重視するかの違いだと思いますので、これ以上論じても、水掛け論になるでしょう。何が問題かということは皆さんにもお分かりいただけたと思います。

大門池

都市の指標

最後の三番目のテーマに入りたいと思います。敏満寺を、石仏谷だけでなく北部の遺構も含め、中世都市として認めることができるのかどうかについて議論したいと思います。

この点につきまして、まずは先生方の意見をまとめておきましょう。

鋤柄先生は石仏谷、重源、大門池という東西方向のラインとは違って、十五世紀、十六世紀になると現在の胡宮神社から北のほうに続く、南北方向に都市の機能が変わるのだとされます。つまり、中世前期の宗教都市の段階から多賀大社と敏満寺の融合が進み、戦国期には寺院型城塞都市にその姿を変えていくと理解されておられます。

この寺院型城塞都市の話はその次の中井先生の報告にかかわってきます。中井先生はお寺と城の関係については、これまでの近江城郭史でも注目されていたことなのですが、もう少し詳細に分析する必要があるとされます。すなわち寺院が周囲に城郭を構える場合、寺院そのものが城郭化する場合、寺院を城郭として利用する場合があり、敏満寺はその中の寺院が周囲に城郭を構えた例だとされます。これは敏満寺城の遺構を砦・要塞と理解されたからです。こうした敏満寺の形状は、都市全体を防御施設で囲い、近世へつながっていくようなあり方を示す寺内町とは、同じ寺・宗教と城との関係でも違いは明確で、敏満寺はあくまでも中世的な山城的な系譜を引く防御施設だとされました。ただ、城塞を抜きにして中世の寺院や宗教都市を語ることはできないということで、一応、中井先生も敏満寺は宗教都市だという前提でのお話だと思うのですが、いかがでしょうか。

次に敏満寺の北側の地区の評価について。図15で大きく町屋的空間とかかれている地域があります。これは滋賀県が、かつてサービスエリアの拡張に伴いまして、発掘調査をされた時、このあたりの道路の両側に広がっている遺跡を町屋の跡だとされていますが、松澤先生はこれは町屋ではなく院坊だと理解されます。したがって滋賀県の発掘担当者がこれが町屋であり、敏満寺が中世都市だということは間違っているとされました。

そこで私は、以下のように考えました。同じ戦国時代の大阪平野をみれば、衛星都市のようにたくさんの都市があり、それらを結ぶ流通路があって、商人がその都市に居住しているという、近世以降の都市と地域の姿をとっています。しかし近江国は大津やいくつかの城下町を除けば、都市はあまり発展していません。中世、商人を輩出した今堀村（東近江市）のように本拠地ではあるが、必ずしもそこで商業流通がなされるものでないというのが近江国の特徴であると考えられるのではないか。敏満寺の場合、滋賀県の発掘担当者が町屋といわれた場所に商人の居住区があり、別にその場所で商業をしなくても、そういうところから商人が出歩いていくならば、そこは都市といっていいのではないか。あるいは、現在の敏満寺集落のところに商人や職人たちが沢山住んでいたのではないか。また、参詣曼荼羅に描かれている町屋的な空間である多賀の門前町も一体として考えるならば、これら全体を都市として評価してもいいのではないか、という提案をしました。

大体このようにまとめることができるのではないかと思うのですが、今のようなまとめでよいのかどうか。少しパネラーの間で意見の交換をしておきたいと思います。鋤柄先生からお願いできますか。

鋤柄　都市論は非常にいろいろな問題を含んでいて、一言ではお話しできない分野なのですが。まず、議論になっております町屋空間という表現について説明させていただきます。滋賀県による多賀サービスエリアの拡張にともなう発掘調査を拝見させていただいたのですが、その時に調査区内の遺跡もそうですが、そのまわりも歩き回りました。

そこからイメージしたのが、尾根の稜線沿いに北へ向かう直線道路があって、それに直行する家並みあるいは、屋敷地が広がっていて、その中の遺構には埋め甕や用水路のような、何のためかわからないのですが、水を溜めて導くようにみえる遺構などがある。

それで、これはどこかで見た風景に似ていると思ったのですが、それが北海道の上ノ国町にある勝山館や沖縄のグスクだったのです。場所は日本列島の北と南で大きく離れていますが、両方共に室町時代後半が中心で、尾根を利用して様々な屋敷が密集した「城塞」を形作っています。それに非常に似ているのです。そうすると、道に沿って建ち並んでいたのは、この遺跡の全体が敏満寺ですから、その最も多い建物は坊舎であってかまわないのですが、当時の宗教組織の役割が、政治や経済など非常に多彩だったことを考慮すれば、より視野を広げて、この丘陵全体に、それ以外のたくさんの家々が並んでいた風景が描けるのではないかと思ったのです。

もしかしたらそれが「町屋的な風景」として残ったのかもしれないのですが、本当の意味は今言ったようにたくさんの要素を含んでいるものです。都市の問題というのは、そういったたくさんの要素を含んだ現象をあつかうことになります。なにかひとつの言葉だけで語るようなことは難しいと考えております。

それから、そのころから「城塞都市」という言葉を使いはじめたのですが、私の資料の中で「寺院型城塞都市」としているのは、さきほど申し上げました室町

中井　均氏

時代後半の同じような「城塞都市」の中で、ここはとくに寺院を中核にしているという意味で使ったものです。

ですから「町屋的空間」という言葉にこだわるのではなく、この遺跡の風景として、尾根上に町並みのような形で家々が並んでいて、その中には坊舎もあったでしょう。また、先ほど仁木先生がおっしゃられましたように、多賀大社との融合によって広く商業活動にも携わっていた人もいたのではないか。そういうものと多賀大社をあわせた空間が、湖東北部における、この地の拠点的な都市の姿をつくりだしていたのではないかというように考えていただければと思います。

仁木　次に中井先生にお願いいます。鋤柄先生の「寺院型城塞都市」という理解に対しまして、敏満寺城のところの継続期間やできた契機、あるいは中井先生は敏満寺を都市としてお考えなのかどうかお伺いします。

中井　まず、都市かどうかということですが、基本的には、お坊さんたちだけが住んでいたエリアではないかと思ってます。私の勤務しております米原市では番場というところに江戸時代の蓮華寺《れんげじ》村、上丹生《かみにゅう》というところに松尾寺村という村がありました。これはお寺だけで構成されている村で、明治になって廃村になっています。その江戸時代の記録を見ると村落の構成員は全て寺僧なのです。ですからお坊さんだけで村が成立しているということになります。ではお坊さんだけ

敏満寺城跡から敏満寺地区を望む

が住んでいたら都市ではないのかというと、それは難しい問題です。敏満寺では埋め甕が出土しているので紺屋さん、油屋さん、酒屋さんなのかもしれないのですが、その町屋的な施設にいた人もおそらくお坊さんだろうと思います。

一方、図15で水田景観となっているところが今の敏満寺地区なのですが、この台地の下が本当に水田景観なのかどうか。台地上にある寺院的な、寺坊だけが集まっているところと山の下とのかかわりが議論されていなかった、断絶していたのではないか。この山の下の部分を含めると都市になるのかもしれませんが、台地上だけを考えますとおそらく村人は存在しないで、お坊さんだけではないかと思います。

図3に弥高寺がございますが、ここは標高七〇〇メートルの山にあり、ここに住んでいた人たちは、お坊さんだけだったと思われます。この他、滋賀県のあちこちにある百済寺とか金剛輪寺とか、数多くの坊院をもっているところは、寺院が巨大化していったもので、大阪平野とは質の違う都市だと思います。その都市を守るために、十六世紀後半、敏満寺城ができあがりました。発掘調査の成果では、このエリアは十四～十五世紀にはまったく使われておらず、十六世紀の後半に突然出現する。では出現の契機はいったいなんでしょうか。これは「軍事的緊張関係」以外なにものでもないということです。私は専門が城郭史ですから、そ

多賀S.A内に残る敏満寺城土塁

の構造面、いわゆる縄張り論から申しますと出土遺物がなくとも敏満寺城が十六世紀後半の城郭遺構であるということは明らかです。寺院側の勢力によって城郭施設を造りあげていったのです。在地レベルの国人や地侍が造れるような構造ではない発達した城郭構造を持っています。非常に発達した十六世紀後半の典型的な城郭ですので、山の下の村とは無関係で、寺との係わりの中でしか考えられない存在ということだと考えています。

細川　「太政官牒《だじょうかんちょう》」には鎌倉末期の延慶元年（一三〇八）の段階で敏満寺の坊舎が「堂舎四十余宇、宝塔数箇所也」とあります。「新谷氏系図」（本書101頁参照）によれば浅井氏に焼かれた十六世紀の坊舎が「百二十」ですね。これを素直に信じれば坊舎とよばれるものだけでも数が増えています。さらに焼き討ちの際に八百余人が死んでいるとあります。「新谷氏系図」の内容を信じればですが、お寺の施設だけでも二世紀ちょっとの間で、三倍にも増えている。そしてお寺関係者で八百余人が死んでいると考えた場合、敏満寺は、同業者村落から都市化した事例と考えてもいいのかとも思われます。この段階の差が石仏谷にも影響を及ぼしていると考えられるということを一言つけ加えさせていただきます。

仁木　松澤先生は今までの議論を聞かれていかがでしょうか。

松澤　先ほど町屋的空間でないと言いました根拠についてまだ説明していません

でした。図18の地域には大きな甕を地面の中に埋めて、そこに何かを溜めていた施設があります。まとまって一五個も大甕が見つかっているところもあります。普通は紺屋、つまり藍染に使われる施設や、油をつくって溜める施設などが考えられ、商業施設だろうということで評価されることが多いのです。しかし、ここの場合は大甕自体が屋外に設置されていた可能性があることから、そういうものを溜める施設ではないということになります。

では何を溜めていたのか。まず考えられるのが水ではないかと私は考えています。あそこの台地上で発掘してみつかった井戸跡は三から四カ所くらいです。それ以外、井戸は見つかっていません。少なすぎます。人間にとって水は非常に重要だと思いますので、そういうものを溜めていた施設ではないかと思います。もう一つ、溜め枡状遺構があります。片方が大きく、方形に地面を掘りくぼめてあるものが二段三段続いていて、そこを水が流れていく構造です。これも商業施設といわれていますが、やはり水溜めで水を浄水する施設ではないかと考えています。中井先生のお話にあった敏満寺城の中で出てくる井戸の深さが九メートルあり、非常に深い。あの台地上で水を得ようと思うとそれくらい掘らなければならないということです。それで各所に水溜めをつくっていると思います。

ですから、あそこに商業施設としての機能は全くないと思います。それと、僧

藤岡英礼氏

が住んでいたから、商人がいないから都市かどうかということですが、僧自体が商人として住んでいたら都市となるだろうと私は考えます。それだけつけ加えさせていただきます。

仁木　ありがとうございます。湖南地区の寺院を研究されている藤岡さんにご発言いただけないかと思います。

藤岡　湖南でも大きな寺では、直線道路沿いに坊院を構えるというパターンが意外と多いようです。そういう施設を大規模な寺院になればなるほど抱えこまなければならないのですが、それをまず都市とするかどうかが問題になると思います。お話をお聞きしていて全体に感じていたのですが、都市か否かという二元論的なお話になってしまっているのではないでしょうか。

比叡山とか近江の寺社では多数の人間を抱え込むような状況にありますが、その中には、坊主だけでなくその師弟や親族や俗人や武力をもつ人などが入り込んでいます。そういった人達も含めてかなりの人数を抱え込むので、これを都市とするかどうかが問題になると思います。そういった人達が住むグレーゾーンがあるので、そこを議論したうえで改めて都市かどうかを判断しなければならない。さきほど坊主が商人を兼ねれば商業地としていいのではないかとされましたが、その辺も含めてのことです。寺院の中で人間を多数抱え込むと、その中で物資の

一石二尊塔

需要を満たすことは当然必要なことになります。しかしこれは都市的な場でなくても村などの共同体的な空間の中でもある程度行われている。これらをどう捉えるかが問題になってくるのではないかと思います。

仁木 会場のほうからもし、ご質問がありましたらお伺いしたいと思います。今日は敏満寺、村の周辺のことや石仏谷や多賀大社のこともでてきました。いかがでしょうか。

質問 石仏谷の一石二尊塔の意味するものは何なのでしょうか。

松澤 石仏谷に何例かあります。しかし、その意味はわかりません。他にも五尊入っていたりするものもありますし。石仏谷の場合は両方とも阿弥陀さんが入っています。同じものを二体彫っていますので、一尊ではたりなくて二尊彫っているのかなとも思うのですが、いまのところそれについて解答している例はありません。

勝田 京都の浄福寺の境内墓地にある二尊像は、珍しいことに戒名《かいみょう》などが刻まれています。天文二十一年（一五五二）のもので、片方は男の戒名、片方は女の戒名です。石仏谷の二尊像も形状は阿弥陀如来の仏像ですが、意味としては墓標で、二つ彫る場合は夫婦である場合が多いと思います。文献では十七世紀の『片仮名本因果物語』（本書92頁参照）に、生きているころから夫婦の墓をつくることに

多賀大社

して、二人の姿を石に刻んで立てたという近江の話があります。つまり墓という意味づけをして二つの仏像を彫っています。二つ並んでいるときに、片方が大きくて、片方が小さいというものもありますが、これなど男女を表すものかなと思います。また彫りがあまくなっていてわかりにくいですが、冠か何かで男女が違っているのかなどといろいろ考えたりしております。

質問　敏満寺地区に住むものですが二、三点お聞きしたいことがあります。細川先生にですが、敏満寺は東大寺と平等院、そして延暦寺の支配を受けたということですが、具体的にどのようになっていたのでしょうか。それから二点目です。八〇〇人くらいの死者の話がありましたが、全部をお坊さんと考える必要はないのではないか。比叡山に関係する坂本には、山に住む人で本当の僧侶は全体の一〇%で、あとは瓦屋、屋根屋、大工など石垣をつくる職人などであったと書いてあります。敏満寺ではみまじ座という猿楽の座がありまして、そのような人も坊舎に住んでいたと考えてはどうでしょう。全部が全部お坊さんと考える必要はなく、別に町屋でなくても職人が住むところが西谷ではないかと考えるといいのではないかと思います。

もう一つは、多賀大社との関係です。お寺ばかり考えておられますが、お宮さんということで考えると、青龍山に岩磐があって胡宮神社があります。多賀社は

胡宮神社本殿

平安時代の延喜式に載っていますが、神社の発達から考えると本当は里宮であったと思われます。昔の胡宮神社の祭では、夜宮の日にお宮さんから猿木道へ出て大門池を通って裏のお旅所のほうへ行き、祭りの日にお宮さんへ戻ります。本祭りの日は多賀社へ行くのですが、その時は多賀社の神主が胡宮神社へ神輿を迎えに行って、多賀社へ行って、多賀社から胡宮神社へもどってきます。このことから考えると村の中の御旅所と多賀社は同じ二の宮と考えることができ、道のことも理解できます。敏満寺自体は南側に門がありますので、こちらが正面で、四ツ屋（多賀道へつづく直線道路）のほうが神社の通路であるというふうに二つの道があると考えたらどうかと思います。

質問　都市かどうかの問題で、当時何人くらいの人口がこのあたりにいたのか教えていただきたいと思います。

仁木　それでは今のご質問に順次お答えしたいと思います。

まず敏満寺がどこの支配か？　それから僧侶を含む構成員の問題ですね。細川先生お願いします。

細川　支配関係ですが、平等院が支配する前から敏満寺があったことは間違いないと思います。その前から東大寺との関係はあったのだろうということは史料には出てこないですが推測されます。中世を通じて敏満寺は天台（比叡山）との関

会場風景

係で発展していくのですが、東大寺との関係は、一連の過程の中で歴史から消されてしまったという可能性が想定できるのです。敏満寺と多賀社、胡宮神社の関係や道の問題はむしろ仁木先生の問題になると思います。

仁木　都市の人口の問題ですが、よくわからないです。ヨーロッパの中世都市の場合は戸籍のようなものが残っていまして、何人そこにいたのかということがわかるのですが、日本の場合は都市に限らず、寺や武士団などメンバー全員が載っている戸籍が作られていないのです。敏満寺の中にいろんな人がいたと思いますし、何をもって僧侶とするのかなどなかなか規定できないというのが結論です。

質問　敏満寺城は土塁ばかりが強調されるが、内部に礎石や、人が暮らしていたことを示すものがでているのでしょうか。

中井　はい。出ています。礎石建物などの施設や、松澤先生の説明にもあった九メートルの深さの井戸は籠城に必要なもので、城であることは間違いありません。

仁木　それでは、最後に今回のテーマである敏満寺は中世都市かということです。まず、間違いないことは、図15の「町屋的空間」の部分ですが、ここに商店が並んでいて商売をしているというイメージは間違いです。しかし、ここにはいろいろな人が住んでいて、身分はお坊さんであるけれど外で商売をしたり、物作りしたりする人もいるのではないか。そのような人が住んでいるところも、都市といえるのであれば、ここも都市ではないかということです。しかし、あくまでも宗教空間であるということを重視するならば都市とはいえないということになると思います。グレーゾーンと藤岡さんがおっしゃっておられました部分はなかなか解消できないかもしれません。一方で今の敏満寺集落に注目する必要のあることが明らかになりました。ここは旧来、段丘の上と分けて考えられがちです。城郭構造としては在地の問題と結びつけては考えにくいという中井先生のお考えもありました。しかし中世・戦国期の段階には、丘の上の敏満寺の中心と、何らかの人間的・社会的・宗教的なつながりがあったようです。先ほど村のお神輿の関係で多賀社との関係のお話もありましたように、そのあたりについても検討する必要があるのではないかと思います。

最初に申しましたとおり、必ずしも結論を求めるシンポジウムではありませんし、結論をだすことだけが目的ではありません。中世都市かどうか、あやふやなまま終わってしまったと思われる方もおられるかもしれませんが、今後は、是非地元のみなさんが、戦国時代の敏満寺との関係で村の問題やお祭りの問題などについて考えていっていただければよいのではないかと思います。それから途中で紹介しました敏満寺の絵図（図10）など江戸時代のものでも戦国時代を復元する重要な史料になります。まだまだでてくると思いますので、教育委員会へ届けていただきたいと思います。

われわれは外から見ているものですから、地域の歴史は地域のみなさんが考えていただくのが一番良いと思います。それにわたくしたちがなんとかお手伝いし、教育委員会にも頑張っていただく。今後とも敏満寺の問題は長く議論されると思いますし、議論を深めるまた別の機会があればいいと思います。

これをもちましてシンポジウムを終わりとさせていただきます。

研究と調査

石仏谷墓跡と戦国期の敏満寺

勝田　至

石仏の謎

石仏谷墓跡には地表で確認されるだけでも一七〇〇基をこえる石仏・石塔が散乱している（『敏満寺遺跡石仏谷墓跡』二一五頁）。これらの石仏で供養されたのがどのような人々だったのかは、この中世墓地に関心をもつ人が等しく抱く疑問であろう。

二〇〇五年十一月二十七日にあけぼのパーク多賀で行われたシンポジウム『敏満寺は中世都市か？』では、石仏谷墓跡についても発掘を指導した鋤柄俊夫・松澤修両氏の報告が行われ、国の史跡に指定された石仏谷に関心をもつ地元の人たちにも筆者にも参考になったが、質疑では石仏谷の性格について、両氏のあいだに大きな見解の相違があることも明らかになった。

鋤柄氏は報告の中で出土遺物の年代比について、蔵骨器などの遺物は十二世紀のものが五％、十三世紀が二七％、十四世紀が五六％、十五世紀が一〇％、十六世紀が一％であると指摘し、十二世紀後半に敏満寺の最初の坊舎と墓地がこの南谷に開設されたが、墓地の年代は「十二世紀後半を開始時期とした機能が終了する時期は十五世紀」であるとした。

各氏の報告が終わったあとの質疑で、私は「蔵骨器などの遺物を基準にすると石仏谷は十三・十四世紀が中心で十五世紀以後は衰退することになるが、一方で『石仏谷』の名が示すように非常に多くの石仏・石塔があり、これらは十五世紀後半から十六世紀後半のものと思われる。すると蔵骨器が示す墓が終わったあとで石造物のみの造立が盛んになったことになるが、それは墓地の性格が変わったことに対応しているのではないか。報告者は石仏の性格をどのようにお考えになっているか」と質問した。

これに対して鋤柄氏は、石仏・石塔が建立される時期には墓地の性格が変化して、民衆の墓地になったのではないかと述べられたが、松澤氏は蔵骨器をもつ墓の中に石仏を利用して造られているものがあることから、石仏の造立時期にも一貫して蔵骨器をともなう墓が造られたとし、また石仏谷はこの時代も寺僧の墓地であろうとされた。

質疑は時間の関係でここで終わったため、これに対する私の意見を述べることができなかったが、まず松澤氏の発言は、十六世紀まで引き続き蔵骨器をもつ墓が造られ続け、それは前代とは異なって石仏を伴うが、寺僧の墓であることは変わらないというものである。この説の根拠になった石仏を利用した墓については、報告書のどの墓にあたるのかなどの詳細を確かめていないが、そういう墓があるとしても、石仏のすべてが蔵骨器を伴う墓に立てられたとは考えがたいものがある。一つの疑問は蔵骨器の年代で、石仏の大部分が属すると思われる十六世紀の遺物はわずか一%にすぎない。すると十六世紀の人々は墓を造るとき、必ず一〇〇年も二〇〇年も前からの伝世品の壺を蔵骨器に使ったことになろうが、すべてがそうであるとは考えにくいように思われる。

松澤氏は講演でも石仏谷の特徴的な墓として、斜面を削って平坦地をつくり、その壁際に石仏を並べ、平坦地には川原石を敷き、斜面に蔵骨器を埋めるという形態をあげている。短時間の講演なので詳細な墓の情報は出なかったが、報告書ではたとえばC区の墓がこれに該当しよう。ここでは壁際に一二体もの石仏が並べられ（一部は土圧で流されていた）、斜面に二つの蔵骨器が埋められていた。一つは十三世紀前半の製品、他の一つは失われ、埋納坑が残されていた。

松澤氏はこの平坦地・壁の石仏・斜面の蔵骨器をセットとして考えているが、この場合十六世紀ごろの人が十三世紀の蔵骨器を使って墓を造ったことになる。

また蔵骨器に比べて石仏の数が多いことも問題である。C区の平坦地・壁の石仏・蔵骨器を一組のものとすれば、蔵骨器が二つで石仏が一二体だから、蔵骨器が一人の骨を納めていたものなら、一人の被葬者に対して六基もの石仏が奉斎されたことになる。蔵骨器の中にはF区で出土した高さ七〇センチ以上もある大甕もあるが、通常の蔵骨器は一人用であろう。また、もし蔵骨器を伴わない石仏のみの奉斎があったとすれば、必ずしも蔵骨器を石仏と結びつける必要もないことになろう。

松澤氏の見解についてはこのような疑問を抱いたが、鋤柄氏が十六世紀の石造物造立を「民衆の墓」としたことについては、被葬者の階層をそう限定できるかどうかはともかく、この時代の石仏谷が寺僧以外に被葬者を広げていったという解釈には筆者も賛成する。というのは、質疑のさいにも述べたが、石仏谷墓跡の石仏には二尊並座、つまり一つの石に二つの尊像を刻んだものがかなりみられるが、これは夫婦の墓と思われる。それを証明する史料は少ないが、十七世紀の仏教説話集『片仮名本因果物語』上巻第八話によると、近江の大塚村、現在の東近江市大塚町に六左衛門という者がいた。常々、われわれ夫婦は死んでもこの屋敷にいよう、死んでも塚を一つに築こうと言って、生きているうちに石塔を切らせ、「夫婦ノ形ヲ一ツニ切付《キリツケ》テ」屋敷の隅に立てておいた。程なく六左衛門は死に、女房も三年のうちに死んだ。ところがその後、二匹の蝮がこの塚の上にいつもとぐろを巻いており、村人が殺しても殺してもまた現れた。正保年中（一六四四～四八）にこの村の妙厳寺の住職をしていた本秀和尚が弔ったところ、蝮はいなくなった。その石塔は妙厳寺の卵塔の下に埋めこみ、頭が少し地面から出ているという。

この話の夫婦は生前に石塔を造らせているが、その描写から二尊並座の石仏だったと思われる。普通は阿弥陀如来坐像を刻むのでこの墓もそうだったのだろうが、それを「夫婦ノ形」と言っているので、形は石仏でもそれは成仏後の自分たちを表したものだという意識があったようである。

この話は近世に入ってからの事件とされているが、石仏型の墓標は文字が刻まれていないものが普通なので、滋賀県や京都府などにこの種の墓がたくさん残されていても、その造立時代を明らかにするのは難しい。しかし京都市の浄福寺の墓地で、この二尊並座の墓標に戒名と年号があるのを見たことがある。二つ並んだ石仏の下に文字を刻み、向かって右には「天文廿一年／道久禅門／

二月廿四日」、左には「妙意逆修」と刻まれていた。これによって、この型のものが戦国時代から造られていること、またまず間違いなく夫婦の墓標であることがわかる。この場合は夫の道久が先に死に、妻の妙意がその墓を造るのとあわせて、逆修として自分の姿も刻んだことが知られる。前の近江の六左衛門は夫婦とも生きているうちに造らせていたが、このような二尊並座の墓は夫婦の少なくとも一方の存命中に造ることが多かったのだろう。

さて二尊並座の石仏が夫婦の墓だとすると、それが寺僧の墓である可能性は小さいのではないかと思う。もとより中世の坊さんにも妻のある人は少なくなかっただろう。敏満寺でも、たとえば後に紹介する新谷《しんがい》氏の系図では、永正十七年（一五二〇）に没した新谷勝昌の妹に「敏満寺衆徒下野公演真妻」と記されている。しかしそうした妻帯僧も、墓を建てるときに公然と夫婦を並べて刻んだとは考えにくい。このような夫婦を並べる墓は俗人の発想ではないだろうか。浄福寺の夫婦は「道久」「妙意」という法名を持っているが、これは晩年に入道したもので、もとから僧だったわけではないとみられる。

なお石仏型の墓標は一体だけのものも二尊並座のものも、上部は三角になっているが、これは家の屋根を表したものであろう。

二尊並座の石仏が夫婦の墓で、それが俗人のものだとしても、一つしか仏体を刻んでいないものの方が多い。これらが俗人の墓か僧の墓かはわからないが、仏像の数を除くと形状に違いがないので、その中には俗人の墓も相当数含まれていると思われる。

いままでの発掘ではこれらの石仏が造立された戦国〜近世初期の遺物がほとんど出ていない理由はわからない。一つの考え方としては石仏は両墓制の詣り墓のような祭祀施設で、遺骨は別の場所に埋められたのかもしれない。またこの石仏谷に遺骨も埋められたが、F区出土の大甕のような大きな骨瓶に遺骨をいっしょに入れるという形で、それらの多くはまだ見つかっていないのかもしれない。いずれにしても遺骨と石仏は別の場所にあることになるが、この点を含めて石仏タイプの墓の性格がこの遺跡の研究によって今後深められていくことを期待したい。

戦国期の敏満寺

戦国時代の敏満寺は八百八坊をもつ大寺であったという。しかしそれらは退転し、近世には胡宮神社別当の福寿院を残すだけになった。これ以外に、多賀大社の本願不動院の配下だった般若院と成就院が、もと敏満寺の坊であったという。

中世末の敏満寺の全貌を示す史料は存在しないが、当時のようすをできるだけ明らかにすることは、石仏谷墓跡の性格やその消滅時期について考える上でも重要である。もっとも私はその任でないとも思うが、多賀町立文化財センターのご厚意により、この稿を書くために胡宮神社文書の『福寿院来由記』と『口上覚』、新谷俊男氏所蔵の『新谷氏伝譜系図』などの写真を見せていただいた。これらの史料は『多賀町史』はじめ従来の研究でも使用されているが、原文を引用したものが少ないので、それらを紹介しながら中世後期の敏満寺をとりまく状況と、浅井長政・織田信長に焼かれたという事件について簡単に検討したい。

天正元年（一五七三）ころの敏満寺について、『福寿院来由記』（胡宮神社文書二の三。番号は『敏満寺遺跡石仏谷墓跡』の伊東ひろ美「胡宮神社文書目録」による）が記している。この史料は宝永四年（一七〇七）から五年にかけて、福寿院が多賀大社の般若院・成就院を本末関係の問題で延暦寺に訴えたとき福寿院住職の祐仙が書いたものを、寛政九年（一七九七）に当時の住職声海が書写したもので、当時村役人と氏子は写本を持っていたが、福寿院にはなかったので写したのだという。はじめに福寿院の縁起を記し、続いて延暦寺に提出した訴状を配列している。縁起の冒頭に「此本書記之通坂本滋賀院御殿役所并東叡山御殿江相納有《リ》之」とあるが、内容からもこの訴訟に際して祐仙が作成したものであろう。長文の引用になるが、兵火にあう前の敏満寺について来由記は次のように述べる。

一当山第一座之長吏を福寿院と号す、此長吏と云ハ、一山の之《（ママ）》頭、孰《イスレ》れの坊か越《コエンヤ》レ之ヲ哉、

此外当山を四流に分地ス、原田　南谷　西谷　北谷と云、原田の執行を

宝寿寺本尊釈迦如来　当山兵火の後、地福院之住僧移リ之、以後院号ニ改ル、後ニハ宝寿院といふ、

南谷の執行を

世尊寺本尊釈迦如来　慶長年中迄堂宇有之　俗に釈迦堂と云、

西谷の執行を

西照寺本尊中品中生の阿弥陀如来　江北浅井家之祈願所なり、

北谷の執行を

無量寺本尊阿弥陀仏　元和年中迄堂宇有之、俗ニ溝坊といふ、

右四ヶ寺は四谷の執行と云、

次ニ四政所と云院宇有之、

地福院本尊地蔵菩薩　○原田組、居寺ハ本堂の西ニ有之、

金剛院本尊金剛賢菩薩　○文亀之炎上以後無再造故、原田宝寿院此役を勤る、

延寿院本尊普賢菩薩　○西谷之内、俗ニ円中坊と云是也、元和年中迄院宇有之、

地蔵院本尊地蔵菩薩　○北谷組之内寺辻北側ニあり、元和年中迄院宇有之、唯今当院ノ本尊地蔵これなり、

右之四院政所役といふ、請長吏之命ヲ行レ之、

一八百八坊之内院号四拾四院、坊号壱百六拾四坊、合弐百八坊、俗ニ上方と云、加行密教伝法ス、

右四拾四院之内、衆徒《シュト》方之頭二ヶ院、

西光院地福院之西、　西福院上同、

これによれば戦国期の敏満寺は原田、南谷、西谷、北谷の四つに区分されていた。原田は現在の小字では大門池の南側の現在田になっているところだが、青龍山の麓に祠があり、そこが宝寿院の跡と伝えているという（音田直記氏のご教示による）。南谷は石仏谷の付近である。北谷は現在では胡宮神社の東側の山腹の小字、西谷は名神の多賀ＳＡ付近をさす。敏満寺の本来の中心は北谷・西谷と思われるが、近世初めまで宝寿院が残っていたので最初に原田を書いているのかもしれない。

来由記は続いて多賀大社の行事に福寿院・西光院・西福院が参加したことに触れたのち、敏満寺の焼亡とその後の再建を記す。

一当山堂宇坊舎、文亀三癸亥年三月十日之夜焼失す、其後佐々木六角屋形高頼朝臣再造之、寄附之領知ハ如元也、

一元亀三壬申年、信長公為兵火当山堂塔坊舎不残焼失す、自レ是寄附之領知を失ふ、此時原田塔頭ハ火難を遁ル、仍而本尊大日を奉レ始、原田宝寿院エ奉レ移シ、長吏福寿院法印徳仙茂宝寿院へ再住す、

一天正元癸酉年三月、福寿院徳仙代院宇再造之、本尊

大日如来茂福寿院江奉移、法印徳仙寺役等無怠慢勤
行之云々、
此時再造する坊舎ハ
長吏福寿院を始メ　世尊寺南谷、俗ニ、釈迦堂と云
延寿院西谷　正覚院西谷組之内、寺辻南側
遺迎院西谷組之内、二王門之西ノ方　地蔵院北谷組之内、寺辻北側、
光明寺本尊甘露王如来、滅罪所、　西光院地福院之西、
西福院　来覚院麻生（傍注「アソウ」）玄入屋敷之北也、西谷組之内、
東一坊高宮三河守祈願所、　慈光坊礒野丹波守祈願所也、
勝蔵坊　中之坊久徳左近太夫祈願所、
北谷字風呂谷、○元和年中之住持祐仙（傍注「只今之小兵衛家之事也」）代ニ十二所権現宮仕之当番也、仍而其以来祐仙家ニ
仙蔵坊
代々此社地を所持ス、後ニ寛永十一年、大日殿天下之御造営ニなる時ニ、彼社地を長吏福寿院江祐仙より寄附すと云々、
来鳳坊　浄教坊
浄泉坊　明智坊
月定坊風呂ノ谷之下、横道より寺辻北側、高野瀬殿祈願所、北坂之音福ゆずりを受ル、
蓮台坊南谷　西蓮坊北谷之内
浄観坊南谷　高井坊北谷ノ内
医王院西谷ノ内字水船　教寿坊平ノ衆徒守、
本行房西谷　常実房
福行房　徳満房
浄法房　音教房
福乗房　祐徳房
乗円房　乗満房
福純房　乗信房
徳円房　休宗房西谷
教園房
右之坊宇、兵火の後自分ニ再造之也、雖然寄附之所領を失ひし故、僧料無之、多くハ他山へ出立す、或ハ耕作を事とし、還俗の身に下るも有、原田方は此度之火難を遁《ノガル》るといへ共、領知なき故法令不レ正《ホウレイカラスタヾシ》、我々になり、他山へ出立す、又ハ還俗《ゲンゾク》す、相残テ先格寺法を正しく相守ものハ、福寿院・宝寿院二ヶ院のミ也、

これによれば、文亀三年（一五〇三）の三月十日夜に火災で坊宇が焼失し、その後六角高頼が再建した。元亀三年（一五七二）には織田信長の兵火で焼失したが、翌天正元年（一五七三）には右のような多数の坊舎が再建を開始した。しかし独力での再建で寺領も没収されていたので、多くはやがて退転し、福寿院と原田の宝寿院を

残すだけになった。後文によると福寿院が代々伝えていた綸旨や官符、什物は元亀の兵火以後、宝寿院の土蔵に納めていたが、天正元年八月二十八日に宝寿院の後ろの清水谷から洪水が押し寄せ、土蔵が大破したため、多賀の般若坊（般若院）に預けた。その預かり証文は天正二年二月三日の日付だったが、福寿院の後の住持が乱心して焼いたという。なお、清水谷は石仏谷の南に接する谷という（音田氏教示）。宝寿院も十七世紀初めころに住職が還俗して在家同然になった。

兵火の翌年に早くもこれだけの坊宇が再建されるかどうか疑問もあるが、このリストの詳細さから考えて、当時の状況を伝える何かの記録があったのだろう。坊宇の名前やその性格については、ほぼ信じてよいのではないかと思われる。

ここにみえる諸坊の中には、近辺の国人の祈願所とされているものが多いのが目を引く。西谷の執行西照寺は「江北浅井家之祈願所」、東一坊は「高宮三河守祈願所」、慈光坊は「礒野丹波守祈願所」、中之坊は「久徳左近太夫祈願所」、月定坊は「高野瀬殿祈願所」であったという。磯野丹波守は姉川の戦いでの活躍で知られる磯野員《かず》昌《まさ》だが、本拠地は伊香郡高月町磯野で敏満寺からは遠い。しかし永禄四年（一五六一）に佐和山城の守将となって多賀地方も管轄していたので（『新修彦根市史』第五巻）、その時代に祈願所としたのかもしれない。この点は浅井長政が敏満寺を焼いたという伝承とも関連するが、これもあとで検討したい。久徳、高宮、高野瀬（豊郷町）などの近隣地域の武士が敏満寺の院家を祈願所としているが、主として戦勝祈願や家内安穏など現世のことを祈願したのだろう。しかしこの信仰圏の広がりは、石仏谷墓跡の被葬者の出身範囲とも重なっていた可能性があり、その点でも注目される。

このリストを鎌倉末期の元徳二年（一三三〇）ころの堂塔鎮守の目録（史料13）と比べると、鎌倉時代には本堂周辺・南谷・西谷・尾上谷（北谷）に区分されており、坊舎の名の一致も少ないが、時代差が大きいことによるのだろう。原田に坊舎が建つようになったのは戦国期のことかもしれない。来由記のリストでは仙蔵坊が「北谷字風呂谷」、医王院が「西谷ノ内字水船」にあったと書かれているが、風呂谷は現在の胡宮神社から国道をはさんで北にある小字、水船は敏満寺集落の中にある。これから考えて戦国期には敏満寺集落の中にも相当数の坊があったのかもしれない。

敏満寺の坊宇の中で、戦国期の史料で確認できるものと来由記に登場するものを比較してみると、永禄八年（一五六五）正月に磯野員昌が多賀社に出した掟書で「敏満寺地蔵院」が甲斐国の武田信玄に対して書状や使僧を下したことを非難しており、これは来由記がいう四政所の一つ地蔵院であろう。また同じ年に敏満寺西明院の教源が、自分の先師が他国へ多賀大社のお札や牛玉を下したが今後はしないという手紙を多賀社の奉行所に出しているが、西明院の名は来由記には見えない（鎌倉時代の堂塔鎮守目録には尾上谷に「西明寺」がある）。さらに遡って文正二年（一四六七）の多賀大社所務算用状には「敏満寺西林坊」「敏満寺円林坊」が見えるが、これらも来由記には名がない。ただ来由記のリストは主として炎上後に再建を始めたものを挙げたもので、兵火以前にはもっと多数の坊舎があったはずだから、リストにないものが戦国期の史料にあること自体は不思議ではない。

来由記はこのリストに続けて、文亀三年の火災ののち、敏満寺衆徒方の末席の坊だった般若坊・成就坊が敏満寺を離れて多賀大社の被官衆を頼み「札売勧進の坊主」になったと記している。末席という表現をしているが、これは来由記が書かれた目的である訴訟の対象が般若院・成就院だったために貶めているのかもしれない。しかし天文十一年（一五四二）に多賀大社の勧進坊主が本社や橋の修理の分担を決めた定めに「般若坊」「成就坊」が見えるので、多賀大社の勧進坊主としてこの二寺が当時すでにあったことは確かめられる。文亀三年の火災後に多賀に移ったという来由記の伝えは事実であろう。ただ元文三年（一七三八）に書かれた『多賀三ヶ寺由緒書』では、般若院・成就院は敏満寺法師で、古くから多賀に別坊を持っていたが、元亀元年（一五七〇）の兵火で敏満寺が退転したのち別坊に移ったとする。なおここにあげた多賀大社関係の史料はいずれも多賀大社文書で、『多賀大社叢書』文書篇・記録篇三、および『新修彦根市史』第五巻に収められている。

敏満寺の焼亡

創建以来、敏満寺はたびたび火災にあったと思われるが、中世後期で史料的に知られる、またはそう伝えられている火災は次の四件である。

1　文正元年（一四六六）の京極持清による兵火
2　文亀三年（一五〇三）の火災
3　永禄五年（一五六二）の浅井長政による兵火
4　元亀三年（一五七二）？の織田信長による兵火

1は『応仁略記』上巻によると、京極持清と敏満寺が用水のことで対立し、六月二十八日に合戦が始まった。郡司（京極氏）が攻め上り、「堂塔仏かく神社僧坊、一うものこらず灰燼」となったという。これは軍記の記述だが、当時の日記にもこのことが見え、相国寺蔭涼軒主の日記『蔭涼軒日録』同年七月十五日条によれば「江州ミマイ寺」が京極氏との戦いで炎上したが、本堂は焼けなかったという。また奈良の興福寺大乗院門跡の日記『大乗院寺社雑事記』七月二十九日条には「江州未米寺」はもともと守護京極氏が専断する在所だったのだが、近年守護に背いて延暦寺の末寺になったので、京極の軍が押し寄せて一宇も残さず焼き払った。このため山門が腹を立てて三塔の会合を開き、守護と戦うと評定したと記している。朝廷では山門をなだめるため甲良荘を寄進した。

この事件は当時の記録に見えるので事実としてよい。『蔭涼軒日録』は本堂は残したとしている。焼き討ちでは史料に「一宇も残さず」焼いたと書かれるのが普通だが、実際にそうだったのかについては検討の余地がある。なお古記録が「ミマイ寺」「未米寺」と書いているのは、そのころの発音が「みまいじ」だったことによるのだろう。近江猿楽の「みまじ座」も芸能史上著名である。

この少しのちに応仁・文明の乱が勃発するが、近江では六角氏が西軍、京極氏は東軍に属してしばしば戦いがあった。しかし京極持清が文明二年（一四七〇）に没すると後継者をめぐる長い内訌が起こり、その過程で京極氏は衰退した。『江北記』には文明十七年（一四八五）に家臣の慶増親子の訴訟に端を発して、まだ若い京極高清は比叡山に遁世したが、国衆が集まって説得し、ようやく敏満寺まで帰ったという記事がある。高清は持清の孫だが、このころは敏満寺も再建されて関係は修復されていたのかもしれない。しかし京極氏の衰退に伴い、戦国期には多賀地方は六角氏の勢力下に入る。

２の文亀三年の火災は、前に引いた『福寿院来由記』のみが記している。その書き方では失火のように思われ、どの程度の範囲が焼けたのかも明確ではないが、福寿院もこのとき焼けたらしい。来由記は福寿院の代々の住持を記しているが、文亀三年の火災以前の住持については詳しいことがわからないとして、それ以前の嘉秀・実秀の二名については没年月・俗姓は不明としている。その後は永正二年（一五〇五）遷化の秀仙が藤堂備前守の三男、天文七年（一五三八）遷化の実仙が高野瀬備前守の三男、永禄八年（一五六五）遷化の良祐が高野瀬越中守の子息、文禄三年（一五九四）遷化の徳仙が赤田信濃守の舎弟などと記す。多賀大社の般若坊・成就坊が文亀の火災以後に敏満寺から移ったという来由記の記述が中世史料と整合することは前に述べたが、これらの点から文亀三年に火災があったことは事実とみられる。

なお高野瀬氏は戦国期には六角氏の家臣としてこの地方の史料にしばしば現れる。赤田氏も高野瀬の近くの豊郷町八町に居城していたと伝える武将で、近隣の武士の家から出て敏満寺の各坊の住僧となった人物が多かったことが推定される。

３の浅井長政による焼き討ちを伝えるのは『新谷氏伝譜系図』のみである。『多賀町史』はこれを重視して、まず浅井長政によって焼かれ、残ったものが織田信長に焼かれたので、戦国乱世に二度の兵火があったとした。これが通説になっているが、新谷氏の系図は浅井氏の焼き討ちを述べるのみで信長は焼かなかったように記し、一方で信長の兵火を記す史料は浅井の焼き討ちにふれない。両方の史料を合わせれば『多賀町史』のような見方になるわけであるが、いずれも近世になってからの史料であることから、慎重な検討が必要である。

この新谷氏系図は、中世後期の新谷氏の代々について「神官」および「敏満寺公文所」と記している。多賀大社の中世史料には新開氏が見えるが、系図では一貫して「新谷」であり、また多賀大社の新開氏の名前は家房、家定など「家」を通字としているのに対し、敏満寺の新谷氏は「勝」を通字とする。

浅井氏の焼き討ちについて、系図は勝経とその子勝虎の条で触れている。

　新谷伊豆守　敏満寺公文所
勝経

神官職　家老　杁岡左衛門尉重元・北村三郎兵衛尉政常

永禄五年九月四日、久徳左近大輔実時叛江北京極殿御方、為江南観音寺城主六角左京太夫義実《（賢カ）》之味方、依之、不移時中浅井備前守長政引卒八千余騎軍勢、押寄久徳城、数日攻戦、終突一城落去矣、仍敏満寺衆徒并神官等久徳之一味也、故浅井忽押寄敏満寺、于時衆徒等於惣大門前防禦之、及敗軍、浅井勝乗、直於院内坊舎軍火、此刻味方学頭豊一坊・池之坊、同学侶光満坊以下百弐拾之坊舎悉炎上、新谷伊豆守・同下司左衛門太夫・前公文出羽守、凡其勢八百余人皆戦死、同九月五日、多賀大社諸伽藍倶炎上、神官坊舎悉破却、此日新谷伊豆守負重疵、入山中自殺畢、法名　玉台院殿公文照清禅定門

妻　久徳左近大輔実時女　享禄元年正月十七日卒

智道禅定尼

新谷越前守

勝虎　神官　敏満寺公文所

敏満寺破却之刻、寺産宝物旧禄等散在云云、其身負重手、引退大君ヶ畑村、保養疵全癒云云、浅井殿加憐愍、被召出、如旧例神官職被申渡畢、永禄六年社頭遷宮、自浅井殿敏満寺門前・藤瀬・萱原三箇村寺領拝領、

永禄十一年九月廿日、平相公平信長公敏満寺四至封疆地除被仰渡、天正元年九月四日、於佐和山城奉拝謁　信長公、則為社領賜旧領三箇邑、同十七年佐和山城主堀左衛門督秀政殿之与力侍被申渡、此刻屋敷地免除、

天正十九年正月十五日卒、法名岳照院宗観大禅定門

妻　今村帯刀正息　法名　妙度禅定尼

文禄二年八月九日卒

（系線は省略）

これによると、永禄五年（一五六二）九月四日に久徳左近大輔実時が六角氏についたため、浅井長政が八千余騎を率いて久徳城に押し寄せた。数日で久徳城は落ちたが、敏満寺の衆徒と神官も久徳に味方していたため攻撃を受け、一二〇の坊舎はことごとく焼亡した。九月五日には多賀大社も炎上し、神官宅や坊舎は破却された。新谷伊豆守勝経は重傷を負って山中で自殺した。子息の勝

虎は負傷し、大君ヶ畑村に逃れて傷をいやしたが、浅井氏は憐れんで召し出し、旧のごとく神官職を勤めさせた。永禄六年に社頭遷宮が行われ、浅井氏から敏満寺門前・藤瀬・萱原の三カ村を敏満寺の寺領として拝領した。

永禄十一年（一五六八）九月二十日に織田信長が敏満寺の四至を除地とした。天正元年（一五七三）九月四日、佐和山城で勝虎は信長に拝謁し、信長は旧領三カ村を社領として安堵した。天正十七年（一五八九）には佐和山城主堀秀政の与力となり、このとき屋敷地を年貢免除とされたという。

この記述はどの程度信頼できるだろうか。まず久徳城が浅井長政に攻撃されたのは事実らしく、『多賀町史』は地元に伝わるさまざまな伝承も紹介している。『浅井三代記』巻十一によると、六角氏に属した高宮勝義が家中で末座の扱いをされたことなどを屈辱に思い、浅井に帰参して久徳攻撃を申し出た。永禄三年（一五六〇）三月十日に浅井勢は久徳城を攻め落とし、この情勢を知って北に陣を進めた六角軍を野良田で打ち破ったとする。敏満寺の炎上には触れていない。この軍記では久徳落城を永禄三年としているが、一般に軍記の年代には誤りも多い。ただ永禄三年から五年にかけて浅井と六角とが緊張関係にあったのは確かで、『浅井三代記』や『江濃記』が伝える野良田合戦のほか、信頼できる史料では『厳助往年記』永禄四年（一五六一）三月条に、佐和山城（同書は左保山城と書く）が六角方に取られ、城を守っていた百々氏が腹を切ったとある。これは『江濃記』が誤って永禄七年とする事件で、浅井長政が美濃に介入した隙をついて六角義賢が佐和山城を奪ったが、長政がすぐ美濃から兵を返したため六角軍は退き、かわりに浅井家臣の磯野員昌が佐和山城に入ったという。

浅井と六角が対立する情勢下で、敏満寺は六角の勢力圏にあり、また久徳・高野瀬など六角方の武将と深い関係があったのなら、寺として六角に与して浅井の攻撃を受けたことはありうる。だが系図の記述にも疑問はいくつかある。一つはこの攻撃で多賀大社も全焼したと記していることである。多賀大社文書には永禄六年（一五六三）三月七日の近江国守護奉行人連署奉書があり、多賀大社の勧進のため諸国に下る同宿輩を規制しているが、前年に全焼した様子はまったくない。またこの時点でも多賀は守護六角義治の勢力圏にあったことがわかる。つまり永禄三年または五年に浅井勢が久徳城を落としていたとしても、多賀地方を維持することはできなかったとみられる。

永禄六年の十月に六角氏で観音寺騒動とよばれる内訌が起こって弱体化すると、それに乗じて浅井長政は犬上郡・愛知郡を支配下に収める。十月十三日に長政は多賀社家・町衆中に軍勢の狼藉を禁止する禁制を与えたが、このとき初めて浅井軍が多賀大社に進駐するように見える。また永禄八年（一五六五）正月には佐和山城将の磯野員昌が多賀社に掟書を与えているが、これらの史料のいずれからも長政がそれ以前に多賀社を焼いた徴候はうかがえない。なお『江州多賀大社別当不動院由緒』（『多賀大社叢書』記録篇三）によると、永禄五年に多賀大社の透塀の上葺きを行い、六年三月には「佐々木屋形」の同宿掟状（前述の守護奉行人連署奉書）があり、同年九月二十八日に本社の修補が終わったとあって、やはり焼き討ちの形跡はない。多賀社が焼けていないとすると、敏満寺の焼き討ちについての系図の記述も疑う余地がある。

なお前述のように永禄八年には敏満寺の地蔵院と西明院が多賀大社文書に現れるので、浅井の攻撃があったとしてもこれらは被害が少なかったとみられる。また『福寿院来由記』が天正元年に復興したとする坊舎の中には、浅井家の祈願所という西照寺、磯野員昌の祈願所という慈光坊があったが、員昌は永禄四年に佐和山城将となったという。慈光坊を祈願所としたのがその後だとすると焼き討ちとの関連が問題になるが、焼き討ち後に復興して祈願所としたことも考えられるとはいえ、焼き討ちはなかったか、あっても軽微だったと考える方がすっきりしそうである。

また多賀ＳＡ付近の発掘調査で土塁に囲まれた城郭的な遺構が発見されたが、中井均氏は十六世紀後半に短期間で築かれ廃絶したもので、焼土層があること、元亀年間以後に織豊系城郭で採用される特徴的な虎口形が見られることを指摘している（『敏満寺遺跡発掘調査報告書』）。これが正しいとすると、焼土層は織田軍の焼き討ちによるということになろうが、新谷氏系図がいうほど壊滅的な打撃を受けた敏満寺が十年ほどで城郭を造るまでに復興していたかどうかも疑問である。

系図のもう一つの問題は、敏満寺の滅亡がはっきりしないことである。浅井長政は大君ヶ畑に隠れていた新谷勝虎を召し出し、寺領として三カ村を与えたという。「寺領」という表現は敏満寺の存続を前提にしていると受け取れる。三カ村のうち敏満寺門前が近世の敏満寺村（枝村の守野村を含む）だとすると、近世の石高は一二一六石余であった。また犬上川上流の藤瀬村は三〇九石、萱原村は一四四石で、合計一六六九石になる。「敏満寺門前」は敏満寺村の一部かもしれないが、数百石の寺領があれば相当の大寺を維持できるだろう。しかし天正元年に信長は「社領」としてこの三カ村を安堵したとあって、寺領が胡宮神社の社領に変わっている。その後の記述にも寺は現れず、いつのまにか敏満寺はなくなっているようである。信長と新谷勝虎との関係が良好なだけに奇異の感がある。三カ村の寺領に敏満寺からかなり離れた藤瀬と萱原が含まれているのは、何か根拠のあることだったかもしれないが、以上の諸点からこの系図は慎重な検討が必要である。「新谷勝経が浅井との戦いで死んだ」ということは事実だったとしても、その状況の描写はかなり脚色されているかもしれない。

　次に4の織田信長による焼き討ちを検討する。これに触れた史料で私が見たのは『川瀬右近覚書』（胡宮神社文書二の一、『多賀大社叢書』諸家篇一所収）、『胡宮神社史』所引の正木文書『旧事記』、および『福寿院来由記』である。『福寿院来由記』は前に引いたように元亀三年（一五七二）に信長が焼いたとする。『川瀬右近覚書』は多賀大社にあった旧記を延享三年（一七四六）に大神主の川瀬右近が書写したものを、福寿院が文化五年（一八〇八）にまた写したもので、次のように述べる。

（前略）
一元亀年中織田信長公ヨリ使者長谷川大竹被参此地、社坊二万三千石御朱印有之段、此度織田氏公ヨリ御朱印書相改役参リ申候間、別当三ヶ寺江右之由被相達申候事
一三ヶ寺ヨリ坊中寄セ相談被致、坊中承知不致。織田氏江訴シヨウ申上ル事
一織田氏大竹ヲ呼、今日胡宮三ヶ寺ヨリ返事有之由可申入ル事
一長谷川中〳〵此度主君之蒙リ（脱字アルカ）慰ニハ不被参トテ、森蘭丸江此由被申候事

一松本伊勢丸又々使者ニ被参、先達長谷川使者ニ参リ
候段承知無之故、此度織田信長公ヨリ主明（命）ニ付参リ
申候。双方坊中為方ニ相成様可被指上事
弥承知不致事哉、此段織田氏へ申上ルトノ事
一社坊ニ持セ置候ハ何之ヱキ（益）有ン。此方へ取上ルト被
申候事
後ニ社坊焼被払候事
坊中立退可申事
（後略）

元亀年中（一五七〇〜七三）に信長の使者長谷川大竹がそれまでの寺領、朱印二万三〇〇〇石を改めようとした。別当三カ寺（福寿院・宝寿院・神護寺）は諸坊を集めて論議したが拒否すると決めた。松本伊勢丸がまた使者として敏満寺に通告したが敏満寺は再び拒否したため、信長は社坊に領知を持たせても益はないと言って取り上げ、寺を焼き払ったという。

　この史料ではまず信長以前の寺領二万三〇〇〇石という表記が気になるが、それは文飾として登場人物を調べると、長谷川大竹は『信長公記』に長谷川竹という名で見える長谷川秀一であろう。谷川克広氏の労作『織田信長家臣人名辞典』によると、秀一は若年から信長の小姓を勤め、天正三年（一五七五）ころには近江金勝寺の安土移転に伴い、信長から寺領没収を命じられている。この経歴は『川瀬右近覚書』とも合う。松本伊勢丸は不明だが、長谷川大竹については事実を伝えているのかもしれない。ただしここに森蘭丸の名があるのはおかしい。蘭丸は天正十年（一五八二）の本能寺の変のとき十八歳だったというから、元亀年中にはまだ子供である。彼の文献上の初出は天正七年（一五七九）で、このとき十五歳である。

　この史料と似た経過で寺が焼かれた例としては『信長公記』巻十四に見える和泉国の槇尾寺（施福寺）がある。天正九年（一五八一）信長は堀秀政に命じて槇尾寺領を改めたが、没収を予期した僧たちは山下の郷中とともに拒否した。信長は怒って寺僧の首を切り寺を焼き払えと命じた。秀政の兵が寺を包囲すると、寺僧たちは泣く泣く寺を退去した。五月十日、織田信澄・蜂屋頼隆・堀秀政・松井夕閑・丹羽長秀らの諸将が坊舎の中でよさそうなものを邸宅用に撤去し、その他の堂塔伽藍は秀政の検

使ですべて焼き払ったという。

この例から『川瀬右近覚書』が伝える寺領没収の経過はもっともに思えるが、近世的通念も混入している。また使者派遣の経緯が詳しいのに引きかえ、年代は月日だけでなく正確な年も伝わっていないのは不審で、焼き討ちの記述も簡単にすぎる。

『胡宮神社史』が引く正木文書の『旧事記』は「当山ト比叡山ト一味同心致シ候テ、江南江北ノ合戦ノ節、信長公へ御味方可致筈之処浅井方へ被味方仕候故、浅井敗北いたし候に付、山門へ十二万石の内拾萬石捧ケ可申旨、蒲生飛騨守を以被仰渡候へ者、不承引、当山モ弐万三千石ノ内弐万石捧ケ可申旨被仰越候へ者、不承引ニ付、小面倒なるもの也と申テ焼払ハレ段、時節到来トハ乍存、残念至極成事と申伝る也」というものである。ここにも二万三〇〇〇石という数字が出てくるのは『川瀬右近覚書』と同一の伝承があったのだろうが、記述はいっそう簡略である。また比叡山とともに浅井に味方したのが領知没収の理由としているが、敏満寺がその前に浅井によって壊滅的な打撃を受けたとすれば奇異な感を与える。

一方『福寿院来由記』は「元亀三壬申年、信長公為兵火当山堂塔坊舎不残焼失す」とするが、これも月日を記さない。またこの後ろに、祐仙が比叡山に提出した由緒書が写されているが、宝永五年（一七〇八）三月にでは往時の敏満寺について、八百八坊があり現在も仁王門跡などがあると述べる一方、焼き討ちについては「右昔し大日本堂始寺院悉ク為兵火焼失仕候由、敏満寺村古老申伝へ候」としか書いていない。昔兵火で焼失したと敏満寺村の古老が伝えている、という胡乱な書きぶりなのは、信長の焼き討ちについて明確に記したものがもともと福寿院にはなかったことを物語っている。このことから元亀三年に焼かれたという年次は、祐仙が想像して書いた可能性がある。

ただし、前述のように『福寿院来由記』は、焼かれた翌年の天正元年に多くの坊舎が再建されたとして、その一覧を掲げていた。その記述は詳細で、何かよるところがあったはずだが、原史料が焼き討ちの日付を記していなかったのかもしれない。復興が事実とすると、寺領なしでの独力の復興なら咎められなかったのだろうが、復興された中には僧が自分で田畑を耕す半農の寺庵も多かったかもしれない。しかし寺領がなく、本堂などの再建の見通しがない状態では坊舎だけ集まる意味もなく、やがて散り散りになったようである。

焼け石が胡宮神社境内の地下から出たり、敏満寺遺跡などの発掘調査で炭化層が検出されたりしているので、十六世紀後半に一度は焼き討ちにあったことはまちがいないが、二度あったかどうかについては、文献の検討では疑問が残ることになった。どちらかといえば、浅井の焼き討ちの存在には疑問があり、たとえ焼き討ちがあっても規模は小さかったと思われる。しかし織田の焼き討ちについての史料も記述が曖昧であり、今後も検討する必要がある。

石仏谷は敏満寺の滅亡とともに墓地としての生命を失った。もし戦国期の石仏谷に寺僧の墓が多かったとすれば、衆徒が離散したためであろう。また二尊並座の石仏の性格から推測したように俗人の被葬者を集めていたとすれば、各坊舎が近隣の武士の祈願所だったのと同様、犬上郡・愛知郡のかなり広い範囲の土豪や武士を募っていたのかもしれない。もし焼き討ち後も南谷に坊舎を再建して墓寺として頑張ろうとした僧がいたとしても、武士たちが兵農分離で地域を離れてしまっては墓地として続かないであろう。敏満寺集落の人々のためには村の寺院があったので、石仏谷は草の中に埋もれていくことになったのだろう。

中世後期の近江における寺院と火葬場
―文献史料による事例の紹介―

高田　陽介

はじめに

西向きの斜面に、何段ものテラス状の平坦部が造成され、それらの各平坦部の山側を削り込んだ崖の下には、一石五輪塔や、高さが四〇～五〇センチ程度の石仏が多数設置されていた。—石仏谷中世墓地の、とくに十五～十六世紀段階における景観は、このようなものであったらしい(1)。そしてこの墓地遺跡の特徴のひとつは、火葬骨の埋納が主流だったと見られる点である。ただ、火葬骨を納める「蔵骨器」として用いられていた甕・壺の生産年代について、「十三世紀の製品、その前半期のものが多くみられ、十四世紀から十五世紀前半の製品が少なく、十五世紀後半の例が増え、十六世紀の製品が少ない(2)」とされる一方で、地上に安置されていたと見られる一石五輪塔や石仏などについては、「石造品はおおむね十五世紀後半から十六世紀にかけてのもと考えられる(3)」とされており、地下に埋納された骨壺と、地上に建立された石塔・石仏類との、年代のギャップについて、なお考察の余地が残されている(1)。

小稿では、この石仏谷に展開していた中世の火葬墓地について、これまでに知られている文献史料を結び付けて考えるとともに、中世後期の近江において、寺院が墓所や火葬場の経営に乗り出してゆく動向を、文献史料による事例の紹介を通じて浮かび上がらせようと試みる。小稿の事例紹介が、敏満寺と石仏谷墓地との関係を広く中世後期の近江の諸事例の中に置き直して再考し、文献史料の側からこの時期の近江の葬送墓制へ肉薄するための、踏み石のひとつとなれば幸いである。

敏満寺の火葬場開設

まず、昨年十一月のシンポジウムの討議の際に、司会の仁木宏氏から紹介を促された史料（史料17）について、あらためて説明しておきたい。

この史料は、後土御門天皇の綸旨《りんじ》（担当の公家が、天皇の意向を承って相手へ伝達する書状）で、正確には、文書としての綸旨自体ではなく、その文面を控えた記録である。この史料を収録する「宣秀卿御教書案《のぶひできょうみぎょうしょあん》」は、朝廷の奉行《ぶぎょう》（綸旨の発給業務などに従事）を勤めた中《なか》御門宣秀《みかどのぶひで》が、自身が奉者《ほうじゃ》（上司の意向を承って相手へ伝達する書状の、差出人）となった綸旨や関連する文書などの文面を控えた記録で、綸旨の文案の余白には、用語や、綸旨発給の諸事情などについての覚書も書き込まれている。

この「宣秀卿御教書案」に収録された後土御門天皇綸旨の文例の中に、長享三年（一四八九）、敏満寺領の「漏野」（史料では「モルヤ」と読み仮名が振られている）を「五三昧所《ごさんまいしょ》」とすることを承認した一通がある。[5] 綸旨の奉者は左少弁中御門宣秀、宛所は「敏満寺衆徒中」。書き込みからは、敏満寺からの申請を取り次いだのが二尊院（嵯峨の浄土宗西山派寺院）の善空で、敏満寺からは礼銭一〇〇疋（＝一貫文）が宣秀へ支払われていたこともわかる。

ここで敏満寺が寺領の「漏野」に開設を企て、二尊院善空を通じて朝廷に承認を求め、許された「五三昧所」とは、何であろうか。前記とは別の箇所の書き込みには、「（五三昧所の）五の文字は不適切で、無常三昧所とすべきだった。後日このように考え直したので、記しておく」との趣旨が見える。また、この件については白川忠富（神祇官の当時の長官だった資氏王の叔父で、後年、資氏に代わり長官となる）に問い合わせたようで、前記の二尊院の取り次ぎを伝える書き込みにつづけて書かれた「五三昧所とは、葬所のことなり」という解説は、忠富から得た情報であろうか。

「五三昧所」は、火葬場を指している。勝田至氏が御著書で指摘されているように、十三世紀末の絵巻「善信聖人親鸞絵伝」に描かれた親鸞の火葬の場面には、燃え上がる炎と煙の上部に「延仁寺の五三昧処也」と注記されており、「五三昧処」＝「五三昧所」が火葬場を意味することは明白である。(6) また、前記の綸旨文案の書き込みによって、十五世紀末の当時には、「五三昧所」よりはむしろ「無常三昧所」が適切な表記と考えられていたことがわかるが、これにより、次節で挙げる諸例に見られる「無常三昧所」も、火葬場を指していると考えることができよう。

さて次に、敏満寺が火葬場新設の用地として準備した「漏野」については、シンポジウムの前に勝田至氏から、敏満寺遺跡石仏谷墓跡の報告書に載せる敏満寺地区の小字界を示した地図に「守野」の記載があり、しかも「守野」地区の北のはずれには大きな共同墓地が見えていることを、ご教示いただいた。(7)「守野」はモリノと読むそうであるが、本来「漏野（モルヤ）」だった地名が、いつの頃か（「漏」の字のイメージを嫌って）漢字表記を「守野」変更した後で、読みまでが変化してしまった、という可能性はないであろうか。守野地区の北のはずれにある共同墓地は、大門池から下る水路が脇を通っており、中世には、巨大な灌漑池（水沼池＝大門池）のすぐ下の、堰堤から滲み出す水でいつもじくじくと湿りがちな土地だったのではないだろうか。つまり、「漏野」の名にふさわしい立地であるように、筆者には感じられるのである。あまりに安直な想像であろうか。

この共同墓地へは、実はシンポジウム当日に、多賀町文化財センターの本田洋氏に御多忙中のお時間を割いていただき、勝田氏とともに御案内いただく機会を得た。棺台の前の「南無阿弥陀仏」の供養碑の脇には、無縁化した墓石が寄せられており、それらの中には、銘文は判読できないものの、いかにも十六世紀ふうの一石五輪塔や石仏が散見されたため、筆者は、この墓地の起源が中世末にまで遡る、と考えたい。

ここではあくまでひとつの仮説として、長享三年（一四八九）に敏満寺が寺領内に開設を企て、朝廷に申請して承認を得た漏野火葬場の故地を、現在の守野地区の北のはずれ、大門池の下手（西側）の共同墓地と考えてみたい。すでに地域（敏満寺の門前集落）の共同墓地となっていた一角に、領主である敏満寺が新たに火葬場を開設したのか、あるいは逆に、それまで用益されていなかった「漏野」に敏満寺が火葬場を新設したことにより、その周辺に地域の共同墓地が形成されたのか。この共同墓地が中世末以来存続していると仮定した上で、墓地と、敏満寺による火葬場開設との前後関係については、まずはこのように両様の可能性が考えられよう。

ただし、十五世紀末における漏野火葬場の開設位置を、前述のように大門池の下手（西側）に想定すると、この火葬場は、その当時急速に一石五輪塔や石仏などの小墓標が林立し始めていたはずの石仏谷墓地と、大門池を挟んで東西に向き合う場所に開業したことになる。そうなると、この火葬場開設の史料と、石仏谷中世墓地遺跡とを、結び付けて考えてみたくなるのは、何も筆者だけに限るまい。

石仏谷遺跡で発見された夥しい数の一石五輪塔や石仏などが、原位置に建立されていたはずの当時、それらの下の地中に火葬骨の埋納をともなっていたかどうかは、なお議論の余地もありそうである。そこで、この時期（一石五輪塔や石仏などが林立していた十五～十六世紀頃）の火葬骨の行き先として可能性を考えてみたいのが、F区の№3「蔵骨器」である。この「蔵骨器」は、高さと最大径がともに六〇センチを越える大甕（十三世紀前半に製造されたらしい常滑焼）で、底面から胴部にかかる部分に大穴が開けられた上で倒立され、口径二メートル、深さ一・四メートルの穴に入れられていた。そして、その上下側にされた口縁部の内側には玉石が敷かれ、その上（甕の内部）には大量の火葬骨を含む灰土が納められており、上側になった器底の開口部（わざと開けられた大穴）には、別の甕の破片が蓋として被せられていたという。(8)

これは、複数の死者の火葬骨が時間の経過の中で順次投入（追葬）されていった、共同納骨施設だったのではないか。そして、それらの火葬骨を生み出していたのが、石仏谷の麓から大門池を越えた西側に開設されていた、漏野火葬場だったのではないだろうか。共同納骨用に埋設された大甕は、十三世紀前半に製造されたもののようであるが、長らく実用に供された後に、例えば十五世紀末頃、このような形で最後の用途が決められた、とも考えられよう。遺族の人々は、漏野火葬場で拾い収めた故人の火葬骨を携えて、大門池の脇から石仏谷へと登り、まずこの共同納骨施設へ火葬骨を投入する。そして後日、石仏谷のしかるべき場所に、供養のための一石五輪塔などを建立する。—このような状況を想像してみたい。もちろん、F区の№3「蔵骨器」だけが、十五~十六世紀頃に石仏谷墓地へ運び込まれた火葬骨をすべて引き受けていた、などと言うつもりはない。もしかしたら、未発掘の地区に、同様な共同納骨施設と考えられる遺構がまだ眠っているのかもしれないし、あるいは、この時期の火葬骨はせいぜい布袋などに入れられる程度で一石五輪塔や石仏の下に埋められ、そのまま地中に溶けて流れて、検出されないだけなのかもしれない。

ともかく、漏野火葬場の位置を、現在の大門池の下手(西側)の共同墓地に想定し、十五世紀末~十六世紀にはこの火葬場で焼かれた骨が石仏谷墓地へ納骨または埋葬されていた、と考えると、現在までつづく共同墓地がこの場所で形成されたのは、石仏谷墓地が廃絶した十六世紀末以後のこと、つまり、漏野火葬場が先で、周囲に本格的に共同墓地が形成されたのは、それよりもずっと後だった、とする方が、説明の筋道がつきそうである。

なお、敏満寺が十五世紀末に漏野火葬場を開設するに至った背景事情については、本書収録の勝田至氏の論考において、当時の敏満寺が直面していた地域での政治的な状況が詳細に考察されているはずであり、それを踏まえた上で、今後検討せねばならないだろう。

ただここでは、敏満寺の申請を朝廷へ取り次いだのが、浄土宗西山派の二尊院だったことに注意したい。二尊院善空は長享二年(一四八八)に嘉楽門院(後土御門天皇の母)の火葬を伏見の般舟三昧院《はんじゅさんまいいん》(善空が開山)で執行しており、[9] また明応四年(一四九五)には正親町三条《おおぎまちさんじょう》公治《きんはる》(正二位前権大納言)が二尊院境内に土葬されている。[10] つまり二尊院(浄土宗西山派)は、葬送事業を通じて、京都の貴族社会に食い込んでいたのであった。

そして明応五年(一四九六)七月には、二尊院西空が檀家の三条西実隆に、敏満寺が朝廷に寄付を願う申請を取り次いでいる。実隆の日記には、次のような記事がある((1)(2)とも、原文の和製漢文体を筆者が読み下した)。

(1)二尊院が申し付く、江州敏満寺に御奉加の事。今朝これを申し入る。[11]

(2)江州敏満寺に、禁裏が御奉加の事。予(=実隆)がこれを申沙汰《もうしざた》す。かの間の事を謝せらるるなり。[12]

(1)では、二尊院から依頼された、敏満寺への寄付を朝廷に願い出る件を、実隆が後土御門天皇へ披露している。

つづく(2)に言う「中沙汰」の語義は、「主人のために、その案件を責任をもって実施する」といった意で、ここでは主人＝後土御門天皇である。二尊院西空から依頼された敏満寺からの寄付要請の件を、実隆が引き受けて天皇へ披露し、承認を得たのであろう。西空は、この実隆の骨折りに感謝したのである。

二尊院と敏満寺との関係は、長享三年（一四八九）の漏野火葬場開設に対する勅許申請を取り次いだときだけの一時的なものではなく、その後も継続していたことがわかる。(13)[補注] このことから逆に、二尊院＝浄土宗西山派の勢力が敏満寺に入り込み、漏野火葬場開設などの葬送事業への進出を主導していた、と想定することはできないだろうか。

そして、敏満寺側で葬送事業に乗り出していたと見られる子院としては、光明寺を挙げることができる。ここで紹介するのは、勝田至氏が、多賀町文化財センターより提供された写真から翻刻なさった史料を、筆者にご教示下さったもので、十八世紀末に胡宮神社別当福寿院が天台宗当局へ提出した由緒書の中の、天正元年（一五七三）に再建された敏満寺の諸院坊を書き上げた部分（本書所収勝田氏論文の94～96頁に掲載）に見えるものである。そこには、

光明寺 本尊甘露王如来、滅罪所、

とある。(14)「滅罪所」は、墓所を提供して故人の追善供養を行なう寺院の意であり、当然、葬儀も執行していたはずである。この由緒書の記事を信頼して、十六世紀後半の段階ですでに光明寺が滅罪所であったとすれば、その在り方は、それ以前の中世後期にまでも遡る可能性があるのではないか。もしかすると、十五世紀末に漏野火葬場の開設を主導したのは、光明寺に入り込んでいた浄土宗西山派の勢力だったのではないだろうか。

近江における「三昧所」開設の勅許

前節で見た敏満寺の漏野火葬場開設の例の他にも、近江国内では、おもに地元の寺院が火葬場（史料では「三昧所」「無常三昧所」などと表記）を開くに当たって、わざわざ京都の朝廷に承認を求め、勅許（文書としては綸旨）を得ている例が、すでにいくつか知られている。これらを筆者は以前まとめて紹介したことがあるが、(15)今

回あらためて、これまでに知り得た一一例を年代順に①～⑪として説明しておきたい。以前の記述とかなり重複するが、読者の御寛恕を乞う。

①文明十一年（一四七九）、近江国柿御園《かきのみその》（東近江市）の内に「三昧所」を立てることが、勅許された。綸旨の奉者は左少弁甘露寺元長、宛所を欠く[16]。当事者からの申請を取り次いだのは、西洞院時顕[17]。

②文明十一年（一四七九）、葉室教忠が申請者から取り次いだ江州蒲生郡の「三昧所」のことが、勅許された[18]。つづく③～⑦はすべて、前節で紹介した「宣秀卿御教書案」所収のそれぞれの後土御門天皇の綸旨の文面による[19]。このうち最初の③は、前節で詳述済み。

③長享三年（一四八九）、敏満寺領の漏野を「五三昧所」にすることが、勅許された。

④延徳二年（一四九〇）、江州犬上郡甲良庄下郷の内の「愛智保高庄」について、「無常三昧所」にする（この地域で無常三昧所を開く、の意であろう）ことが、勅許された。綸旨の奉者は左少弁中御門宣秀、宛所は「浄蓮寺住持」。史料の書き込みによると、奉行した宣秀へは、おそらく申請者の浄蓮寺から、礼銭二〇〇疋（＝二貫文）と茶一五袋が差し出されている。「愛智保高庄」は未詳であるが、甲良庄は、応仁元年（一四六七）六月の京極方による敏満寺放火と、それに対抗する山門（比叡山延暦寺）の強訴を経て、山門の所領とされている[20]。

⑤明応六年（一四九七）、江州蒲生郡中村郷に「無常三昧堂」を建立することが、勅許された。綸旨の奉者は右中弁中御門宣秀、宛所は「当郷（＝中村郷）寺僧中」。この中村郷は、山門領得珍保の上四郷のひとつ[21]。

⑥同じく明応六年（一四九七）、江州神崎郡今村庄の内に「無常三昧堂」を建立することが、勅許された。綸旨の奉者は左中弁中御門宣秀、宛所は「光台寺僧中」。宛所については、「僧中ではなく衆僧中とすべきだった」との趣旨の書き込みがある。光台寺は東近江市今町にあり、明応七年（一四九八）に天台宗から真宗に転じたようだ[22]。また稲葉今村庄は、十四世紀前半には日吉社（山門の鎮守）の所領であった[23]。

⑦同じく明応六年（一四九七）の、右の⑥と同日付けで、江州蒲生郡の日野牧野田郷の内に「無常三昧堂」を建立することが、勅許された。綸旨の奉者は左中弁中御門宣秀、宛所は「大誓寺衆僧中」。「大誓寺」は、あるい

は誤記で、旧野田村に所在する真宗の本誓寺のことではないか(24)。また日野牧は、中世には山門が一部を分割領有していたようだ(25)。さらに、野田に所在の神社が中世には山王宮（山王権現は日吉社の祭神）と呼ばれていたことから、野田郷がかつて日吉社領であった可能性が指摘されている(26)。

次に掲げる⑧⑨の二例は、東大史料編纂所の末柄豊氏から以前にご教示いただいたものである。火葬場の開設を許可された場所を現在の行政区分で言うと、⑧は多賀町内、⑨は甲良町内で、ともに敏満寺から近い地域での事例であり、とくに注目されよう(27)。この二例の史料を収録する「頼継卿記《よりつぐきょうき》」は、公家の日記ふうのタイトルではあるが、中身は前記の「宣秀卿御教書案」と同様で、朝廷の奉行を務めた葉室頼継《はむろよりつぐ》が、自身で発給に携わった綸旨や口宣案《くぜんあん》の文面を控えた、文例集である。

⑧永正十二年（一五一五）、江州犬上郡多賀庄の内の桃原《もばら》村に「無常三昧堂」を建立することが、勅許された(28)。綸旨の奉者は右少弁葉室頼継、宛所は「九品寺衆僧中」。綸旨文面の余白の書き込みによると、申請者からは礼銭一〇〇疋（＝一貫文）が奉行の頼継へ送られている。それにつづけて「使に貳十疋」とあるのは、綸旨を申請者へ届けた（葉室家の？）使者に、頼継が礼銭一〇〇疋の内から一〇疋（＝一〇〇文）を分与した、という意味であろうか。また、さらにつづけて「同じく寺号も書き遣わしおわんぬ。寺号の礼として、五〇疋（＝五〇〇文）これを送る」（原文の和製漢文体を、筆者が読み下した）と書き込まれているのは、興味深い。無常三昧堂の開設許可を申請した当事者は、「九品寺」という寺号を、このとき初めて得た（頼継に案出してもらった？）らしい。

なお、「頼継卿記」のこの条には、前記の綸旨の前に、

(1)頼継から勾当内侍《こうとうないし》（天皇の女性秘書官）へ宛てて、近江国犬上郡九品寺に「無常三昧所」を建立することにつき、このように（勅許を）申請してきているので、後柏原天皇へ披露して欲しい、と依頼した書状。

(2)勾当内侍から頼継へ、(1)の書状の内容を天皇へ披露したところ、天皇は「三昧所の事を申請しているのは、わかった。問題ないかどうか、中御門宣胤（前大納言で、当時はすでに出家の身。前出の宣秀の父）に相談した上で、あらためて願い出て

ほしい」と仰せであった、と伝達する書状。の二通の控えも記録されている。[29] (1)の～～線部からは、勅許を願い出た当事者（九品寺）からの申請書が、まず頼継のもとへ提出されており、頼継はそれを(1)の書状に添えて（参考資料として）勾当内侍へ届けたことが窺われる。当事者と葉室頼継の間にさらに仲介者が存在した可能性もあるが、そうでなければ、この事例では、頼継は綸旨発給の奉行だけでなく、そもそも当事者の申請を受けて取り次ぐ役も、果たしていたことになろう。

⑨永正十四年（一五一七）、江州犬上郡尼子庄の内に「無常三昧所」を建立することが、勅許された。[30] 綸旨の奉者は右少弁葉室頼継、宛所は「阿弥浄（陀か）寺衆僧中」[31]。余白の書き込みに「永宣卿、所望」とあるので、当事者（阿弥陀寺？）の申請を朝廷へ取り次いだのは、冷泉《れいぜい》永宣（従二位前権中納言）であったことがわかる。

次が、勅許の事例としては、現在のところ最後のものとなる。

⑩大永五年（一五二五）、京都北白川の元応寺（十四世紀前半に円観房恵鎮が開創した天台系の律院）が近江国神崎郡神郷の内に新たに「三昧道場」を定め、「浄土院」と名乗ることを許す綸旨が、発給された。[32] 綸旨の奉者は蔵人頭右中将松木宗藤、宛所は「元応寺住持上人御房」。元応寺からの申請を後柏原天皇へ取り次いだのは三条西実隆で、実隆は綸旨の文案も作り、奉行する松木宗藤へ送付している。また、綸旨を受領するのと引き換えに、元応寺は宗藤へ礼銭一〇〇疋（＝一貫文）を支払っている。[33] 神郷は十四世紀以降、比牟礼八幡宮領になったと推定されているが、[34] 同八幡宮と一体化していた興隆寺・願成就寺はともに天台宗であり、[35] 同八幡宮も山門の影響下にあったと見てよいのではないか。

そして最後に掲げる一例は、時期も遅く十六世紀後半で、しかも「三昧堂の事」（上記の諸例から見て、火葬場の新設ではなかろうか）が許可されなかった例である。

⑪天正四年（一五七六）に、比叡山延暦寺の僧清涼坊が「江州において、三昧堂の事」を望み（近江国内で三昧堂を建てることにつき、天皇の承認を求めたらしい）、山科言継《ときつぐ》に依頼してきた。言継は、関白二条晴良の意見も聞きつつ、正親町《おおぎまち》天皇側近の女房である上臈局を通じて天皇に申請したが、上臈局から伝えられた天皇の回答は、「父後奈良天皇の代に（火葬場新設は）厳しく禁止

なさったので、許可しない」というものであった。(36)

以上の①〜⑪のうち、近江での火葬場開設を企てた主体（寺院または僧）について、山門（比叡山延暦寺）と何らかの関わりを想定できる事例が、山門の有力末寺であった③の敏満寺（犬上郡）を初め、天台宗から真宗へ転じたという⑥の光台寺（神崎郡）、天台系の律院だった⑩の元応寺（京都）、そして⑪の山門僧清涼坊である。また、火葬場の開設地が山門領であったと見られる事例が、④の甲良庄、⑤の得珍保中村郷、⑥の今村庄、⑦の日野牧野田郷である。

これらのことから、筆者はかつて、近江の地元寺院などが新たに火葬場を開設するに当たって、わざわざ京都の朝廷に申請し、天皇の承認を求めている理由を、中世の近江における山門の強大な影響力と結び付けて考えてみた。つまり、死穢を嫌い宗教的清浄を貴ぶ山門にとっては、系列下の地元末端寺院が火葬場経営に乗り出したり、あるいは真宗などの外部寺院が山門領内で火葬場を営業したりすることは、不愉快で許し難いことであり、このような火葬場の開設に対して山門が妨害や嫌がらせを仕掛けてくる可能性があった。そこで、新たに近江で火葬場を始めようとする山門系の末端寺院や、山門領に火葬場を開こうとする山門系列外の新興寺院は、そのような山門の圧力を遮る手立てとして、天皇の権威を利用しようとしたのであろう。天皇のための祈祷を伝統的な任務とする山門は、綸旨を蔑ろにしにくかろう、という期待の存在を想定したい。

ただし、③の敏満寺の事例をこの仮説で説明できるのかどうかは、なお検討を要する。

近江における寺院と墓所・火葬場

地域の中小寺院の開創が、しばしば墓所の管理を任務とするものであったことは、よく知られている。すでに竹田聴洲氏が、十七世紀末に浄土宗鎮西派の江戸増上寺と京都知恩院が連携し、全国の末寺群に対して一律の形式で実施した、寺院由緒に関する大規模なアンケート調査の集積結果「蓮門精舎旧詞」のデータを縦横に分析し、とくに中世末・近世初期に大名や領主の一門墓所として開創された事例（一門墓所に新たに菩提寺が建立された場合と、菩提寺に新たに一門墓所が開設された場合とがある）が多いことを明らかにしている。[37] このことを中世の同時代史料で確認しようとすると、事例は限られざるを得ないが、近江においても、在地領主の一門墓所における追善供養を期待されて寺院が建立されていた例は、中世の文書にいくつか見えている。

まず、明徳二年（一三九一）に、栗太郡矢橋郷の在地領主と見られる藤原直親が、一門の菩提寺であった石津寺を再興するために定めた改革趣意書[38]を紹介する。その冒頭には、次のように書かれている（原文の和製漢文体を、引用に当たって筆者が読み下した）。

近江国栗太郡矢橋郷石津寺の事。

右、当寺は当家代々の墳墓所として、一門の崇敬他に異なる。しかるに、別当兵部《ひょうぶ》阿闍梨《あじゃり》は不法懈怠《けたい》にして妻子を貯え、無慚放逸にして寺の田畠を売り失う。□に依り、寺舎の修造は年を追って廃落し、追善□は日に随て懈怠す。しかれば□堂舎は頽れ傾きて地に倒れ、尊容は雨露に湿侵す。朝夕の務めを致さざれば、家門の安全を□せず。廟所の作善を修せざれば、先亡の得脱を知らず。悲しきかな。（中略）しかればすなわち、□寺を□して律院と成し、不法の俗舎を追放し、如法《にょほう》結界の地に改め、我行堅持の浄侶を住せしめ、専ら先亡の菩提を訪い、兼ねては家門の繁栄を祈らんと企てんと欲す。（後略）

すなわち、石津寺には藤原直親の家の代々の墓所があったが、当時の住持であった兵部阿闍梨が、戒律を守らず寺産を売却して寺を荒廃させ、墓所での追善供養（廟所の作善）を怠けているため、先祖の成仏を期待できない、と嘆いている。[39]

もう一例、天文十四年（一五四五）に蒲生郡市子村の領主と見られる安部井一門が、菩提寺として誓安寺を創設した際に定めた、寺院維持のための規約[40]を見よう（原文の和製漢文体を、引用に当たって筆者が読み下した）。

定む、道場の掟条々。

① 一、今度、おのおのとして新たに一寺を建立の事。結縁《けちえん》のため取り立てらるるの上は、自他の志は同じ。寄進田等の多少によるべからず。たといまた、寄進の有無たりといえども、その軽重を顧みず、ひとえに惣檀那分の事。

② 一、当住持は永順十穀[41]。ただし、一期《いちご》の後は、おの

おの御相談ありて、しかるべき坊主を相《あい》すえらるべきの事。

（③④条は略す）

⑤
一、年行事役の事は、今度はじめて御建立の十三人の子孫として、永代御相続あるべし。さらに別人に裁判あるべからざる事。

（⑥条は略す）

⑦
一、寺内において、もし墓を相立《あいた》てらるべきの面々が候《そうら》わば、上下のともがらによらず、地代分として鳥目二十疋、これを出ださるべし。ならびに位牌、同じく率都婆等の事、これまた惣別に志に任せられ、住持、同じく年行事へ相《あい》ことわらるべきの事。

（⑧〜⑬条は略す）

已上。

右の法度条々を定め置かるるの上は、当年行事として判形《はんぎょう》を致すべきの由、衆議相極《あいきわ》まり、かくのごとくに候条、いささか以て向後別儀あるべからざるものなり。

天文拾四乙巳年十月十四日

年行事　孫左衛門尉

長　種（花押）

年行事　五郎左衛門尉

重　長（花押）

右では、まず①条で、安部井一門[12]の一三人が共同して新たに寺院を建立し、相互の立場については、たとえ寄進をしていても、していなくても、それによって檀家としての地位の軽重を分けることをせず、あくまで「惣檀家分」（一三名全員が檀家として対等）であることを定める。また⑤条では、理事（年行事）のポストを他姓の者へ与えないよう定めており、一門内部だけで閉鎖的に寺を運営してゆこうとする姿勢がはっきりしている。

そして⑦条では、まず、一門内で境内に墓所を設けようとする者たちがいれば、地位や年齢などの上下を問わず、一律に地代として銭二〇疋（＝二〇〇文）を寺へ支払うよう定める。ここで言う「面々」は、①②条に見える「各（おのおの）」（＝一三名の理事メンバー）とは異なり、より広く一門に属する者たちを指すのではないだろうか。そして⑦条後半では、位牌や率都婆など[13]の追善供養用品について、一門の者はだれでも平等に設置を希望でき、住持と年行事に申し出て了解を得ればよい、としている。

第一の石津寺の場合は、藤原家の代々の墓所と、寺院開創との前後関係が明らかではないが、第二の誓安寺の場合は、前掲の同時代の文書を見る限りでは、寺院が先で、一門の面々の墓所は後から設けられていった[44]、と考えられよう。

さて、こうした、境内に檀家一門の墓所をもつ寺院においては、そこでの葬法が火葬であった場合には、境内や近傍に火葬場が設けられていた可能性も考えられる。近江では、敏満寺からほど近い勝楽寺（佐々木導誉にゆかりの寺）が、豊臣秀次による寺領調査で除地と認められた領域を絵図に残しているが[45]、その画面を見ると、大日堂・本堂・庫裏・鎮守などの中核的な堂舎がある地区とは小山（「経暮」と注記があるが、「経墓」つまり経塚であろう）をひとつ挟んで隔てられた別の谷筋の奥に、林立する針葉樹ふうの樹木に囲まれた一角があり、そこに向かって一本の道が伸びている。そしてその一角には、「ヤキバ、六十ブ」と朱字で書き込まれているのである。これは、勝楽寺が寺領内に開設していた専用の火葬場ではないだろうか。

また、同じ十六世紀末の例で、しかも敏満寺からは遠ざかってしまうが、近江八幡の城下において、寺院付属の火葬場の存在を確認することができる。近江八幡町は、天正十三年（一五八五）に八幡山（標高二八六メートル）上に築城した豊臣秀次が、その南東麓に建設した城下町である。町の西側は標高一四八メートルの日杉山が南西に伸びて、壁のように西境を仕切り、開削された運河が八幡山と日杉山の間を分ける。日杉山の西麓には現代も火葬場があり、反対の東麓側（町側）には寺院が連なっている。浄土宗洞覚院は、八幡城下の建設にともなって設定されたその寺町地区の中程へ、安土から転入した寺院で、八幡山上の秀次の城からは、ほぼ真南に洞覚院を見下ろす。

延宝六年（一六七八）、洞覚院は延宝検地に際し、検地を担当した井伊家当局へ除地扱いの継続を申請した。その申請書には[46]「洞覚院は以前から火葬を行なっていたが、豊臣秀次の居城八幡山から見渡せてしまうので、（秀次により）火葬は禁止された。しかし土葬は許可されたので、現在まで境内に土葬を行なって来ている」との趣旨が記されている。これによれば洞覚院は、一六世紀末の日杉山転入当初は、境内に火葬場を設置していたことがわかる。

ところで、八幡町の建設にともない八幡山東麓から日杉山南端へ移転した天台宗願成就寺（成就寺とも称した）には、転入先での寺域をめぐり当局側担当者と折衝して得たと思われる確認書[47]が残されている。その趣旨は、日杉山山中の境界線を「峯は堀切り。中程は岩。麓は寺三昧の南の土居を限り」決定する、というものである。日杉山を東西に横切る境界線において、より重要だったのは八幡町側（東麓）のはずだから、ここに見える「寺三昧」は、日杉山の東麓にあったと考えられよう。その実態は、土居で区画された火葬場か墓地であったと想像される。

「成就寺御年寄中」宛ての寺域確認書において「寺三昧」と書かれているのだから、この「寺三昧」は願成就寺に付属するものとも考えられるが、一方で、日杉山の南端部分を占める願成就寺の寺域は、この境界線の南側に当たると考えられるから、「寺三昧の南の土居」は願成就寺境内の北限であり、「寺三昧」そのものは、あくまで願成就寺の寺域の外（北側）になろう。さらに、移転してきたばかりの願成就寺の寺域を確定する際に目印のひとつとされていることから、「寺三昧」は、願成就寺が転入してくる前から、すでにそこ（日杉山東麓）に存在していた、とも考えられる。したがって、もしも前記の洞覚院の方が一歩早く日杉山東麓に転入していたと仮定するならば、願成就寺の寺域確認書に見える「寺三昧」は、洞覚院の境内火葬場を指していた可能性もあろう。

ただし、ここで「寺三昧」を願成就寺ではなく洞覚院に結び付けて解釈しようと試みたのは、願成就寺が、中世には比牟礼八幡宮と一体化し、院坊をいくつも擁する[48]、地域の中核的な顕密寺院であり、現在も葬式檀家をもたない祈祷専門寺院として存続している、という事情による。つまり、神祇崇拝と融合して死穢を嫌っていたはずの顕密寺院は、火葬場経営に手を染めることはなかったろう、という予断に基づいている。

しかし、この願成就寺と同じように、天台系の地域中核寺院で、寺内に鎮守社＝胡宮神社を擁していた敏満寺は、第一節で見たように、十五世紀末には自ら火葬場経営に乗り出していたのである。またそもそも、敏満寺の多数の院坊のうち、「南谷」地区の諸坊は、石仏谷墓地と同じ斜面にあって隣接していたことが判明している。顕密寺院の寺僧居住区のすぐ脇に大墓地が展開していたことは驚きであるが、中世の敏満寺と石仏谷墓地、そして漏野火葬場との関係は、筆者がこれまで抱いてきた「死穢を忌避する顕密寺院」という安易なイメージの再検討を迫っている。

おわりに

以上の事例紹介は、滋賀県域で刊行されている近年の自治体史の成果を充分に検討せぬまま、拙速にまとめたものでしかない。文献史料によって、中世後期の近江における葬送墓制史、とくに、火葬場や墓地の経営に携わる寺院の広範な登場の状況（「葬式仏教」化の進展）に迫ることを試みたが、かえって「文献史料で迫るのは困難である」ことが、あらためてはっきりしたとも言える。しかし、八〇年代後半の「一の谷遺跡」（中世都市の郊外の台地先端部を覆って展開していた巨大墓地。静岡県磐田市）、九〇年代後半の「由比ヶ浜南遺跡」（海岸の砂浜に掘られた大規模な人骨集積坑。神奈川県鎌倉市）につづいて、今回の石仏谷中世墓地遺跡は、中世葬送墓制史の研究に新たな盛り上がりを呼び起こす予感に満ちあふれている。しかも、滋賀県は中世の文献史料が比較的豊富に残されており、今後多くの人々によって丹念な史料捜索が行なわれるならば、文献史料の側から寺院史・地域史とリンクさせた新たな貢献が実現することも、けっして夢ではあるまい。小稿の冒頭でも予め述べた通り、ここでの事例紹介がそのためのささやかな踏み石のひとつになり得るならば、幸いである。

なお、小稿で紹介した事例以外に、近年藤田励夫氏が発表された近江の三昧聖（中近世に、おもに畿内とその周辺において村や町の火葬業務に従事していた、非公認の宗教者）に関する初めての専論[19]が、新たに収集された火葬場や墓地についての文献史料を多数提示されている。是非御参照いただきたい。（了）

《注》

（1）多賀町教育委員会編『敏満寺遺跡石仏谷墓跡』（05年、

サンライズ出版）の調査報告編第三章のうち、松澤修氏・音田直記氏共同執筆の第三節「遺構」の「石仏谷墳墓群の特徴」の項（四〇〜四一頁）が言う、B〜F区に見られる「3型」を、十五〜十六世紀段階の中心的な様式と解した。なお、この遺跡から出土した石仏については、同書調査報告編第四章のうち、松澤修氏執筆の第二節「石仏の分類」のうち八三〜九六頁を参照。

（2）前注（1）『敏満寺遺跡石仏谷墓跡』調査報告編第三章のうち、松澤修氏執筆の第四節「遺物」五三頁。

（3）前注（1）『敏満寺遺跡石仏谷墓跡』調査報告編第四章のうち、松澤修氏執筆の第五節「まとめ」一一一頁。

（4）シンポジウムでの松澤修氏の発言（本書七三頁）を参照されたい。

（5）長享三年六月二六日後土御門天皇綸旨案（「宣秀卿御教書案」所収。『大日本史料』八編二八冊、延徳元年六月二六日条、五一頁）。なお、この史料は『新修彦根市史』第五巻史料編「古代・中世」五七四頁上段でも紹介されている。

（6）勝田至氏『死者たちの中世』一八二頁（03年、吉川弘文館）。この場面は、松尾剛次氏『鎌倉新仏教の誕生―勧進・穢れ・破戒の中世』（講談社現代新書１２７３、95年、講談社）の第五章扉絵に掲げられている。

（7）前注（1）『敏満寺遺跡石仏谷墓跡』一〇八頁所掲の図七一「大字敏満寺小字図」。

（8）前注（1）『敏満寺遺跡石仏谷墓跡』二九頁のF区解説、同二八頁のF区蔵骨器№3平面図・断面図、同五〇頁の遺物五〇番解説、同六一頁の遺物五〇番実測図、巻末図版4「出土遺物」の1および2、図版11「F区出土遺物」（遺物五〇番とその蓋）、図版32「F区遺構」（№3蔵骨器出土状況、西からと南から）。

（9）「実隆公記」長享二年五月三日条（『大日本史料』八編二二冊、長享二年五月三日条、四〜五頁）。

（10）「実隆公記」明応四年三月十一日条、同十二日条、同十六日条（『実隆公記』巻三上、五三〜五五頁）。なお、この葬送を伝える「晴富宿祢記」明応四年三月十二日条は「嵯峨の二尊院において荼毘と云々」との伝聞を記す（図書寮叢刊『晴富宿祢記』二一九頁上段）が、隣家の親類である三条西実隆の情報を優先し、土葬と判断した。

（11）「実隆公記」明応五年七月六日条（『実隆公記』巻三上、二五一頁）。

（12）「実隆公記」明応五年七月十七日条（『実隆公記』巻三上、二五六頁）。

(13)「実隆公記」明応四年三月十二日条によると、二尊院の新住持に就任した寿観房西空が三条西実隆のもとに挨拶に訪れているが、西空は元「江州西円寺の僧」であったという（『実隆公記』巻三上、五三頁）。西円寺は、十四世紀に浄土宗西山派の仁空（天台宗の学僧でもあった）が開山した寺院で（米原市西円寺所在。近世に黄檗宗に転じた）、同派が近江に勢力を延ばしていたことが、窺われる。

(14)胡宮神社所蔵の寛政九年（一七九七）十月「胡宮大日殿福寿院来由記」八丁裏。

なお、光明寺については、細川涼一氏が詳細に検討された「敏満寺縁起」にも所見がある。この「縁起」の内容は、十四世紀前半に敏満寺が鎌倉の武家政権に訴訟を提起した際に提出した、訴状と付属資料であるという。その中に当時の敏満寺内の諸堂塔・鎮守等を書き上げた部分があり、「西谷」地区の一寺として、

光明寺。一間四面。本尊、不動・弥陀

と見えている（史料13）。「胡宮大日殿福寿院来由記」に見える光明寺は、本尊が甘露王如来であるが、「甘露王」は阿弥陀仏の別名・異名であるので、この滅罪所であった光明寺は、西谷地区の光明寺に一致すると見てよい。

(15)拙文「山門膝下における葬式寺院の登場をめぐって」（『遥かなる中世』一〇、89年）六〇頁下段～六一頁上段。

(16)文明十一年六月七日後土御門天皇綸旨案（「京都御所東山御文庫記録」甲一〇五「山城、諸寺、諸寺雑々」所収。『大日本史料』八編一一冊、同日条、五二二頁）。

(17)「親長卿記」文明十一年六月七日条（『大日本史料』八編一一冊、五二一頁）。なお、日本歴史地名大系25『滋賀県の地名』（91年、平凡社）の「柿御園」の項で、この勅許の事例が紹介されている（七三〇頁下段～七三一頁上段）。

(18)「親長卿記」文明十一年八月五日条（『大日本史料』八編一一冊、五二三頁）。

(19)③～⑦はすべて、「宣秀卿御教書案」所収のそれぞれの後土御門天皇綸旨案。③は前注（5）参照。④～⑦について、以下に各綸旨案の日付とテキストの所在を示す。④延徳二年十一月二十二日（『大日本史料』八編三九冊、同日条、三一五頁）、⑤明応六年四月二十二日（東大史料編纂所架蔵写本『宣秀卿御教書案　坤』60丁裏、請求番号4371／24／2—2）、⑥（明応六年）十月十四日（同前66丁表）、⑦（明応六年）十月十四日（同前66丁裏）。⑥⑦はともに年欠であるが、配列された位置から見て、明応六年としてよかろう。なお、「宣

秀卿御教書案」は、記主中御門宣秀の自筆本が宮内庁書陵部に所蔵されており、東大史料編纂所にはその写真帳が架蔵されている。⑤⑥⑦については、本来この写真帳での所在位置を示すべきであったが、遺憾ながら今回は果たせなかった。
(20)前注（17）『滋賀県の地名』の「甲良庄」の項（七八三頁上段）。
(21)前注（17）『滋賀県の地名』の「尻無村」の項（七一〇頁下段）。
(22)前注（17）『滋賀県の地名』の「今村」の項（六五五頁上段）。
(23)前注（17）『滋賀県の地名』の「今村」の項（六五四頁下段）。
(24)前注（17）『滋賀県の地名』の「野田村」の項で、この勅許の事例が紹介されているが、寺院名は「本誓寺」とされている（五一三頁下段〜五一四頁上段）。
(25)前注（17）『滋賀県の地名』の「日野牧」の項（四九四頁中段）。
(26)前注（17）『滋賀県の地名』の「野田村」の項（五一三頁下段）。
(27)前注（17）『滋賀県の地名』でも紹介されている。⑧は「桃原村」の項（七九五頁下段）、⑨は「尼子郷」の項（七八四頁下段）。
(28)永正十二年六月十七日後柏原天皇綸旨案（「頼継卿記」所収。『大日本史料』九編五冊、同日条、八〇四頁）。
(29)(1)葉室頼継申状案（前注（28）書八〇三頁）、(2)勾当内侍某奉書案（同八〇四頁）。
(30)永正十四年閏十月二十三日後柏原天皇綸旨案（「頼継卿記」所収。『大日本史料』九編七冊、同日条、二二一頁）。
(31)前注（17）『滋賀県の地名』の「尼子郷」の項（七八四頁下段）は、この件の申請者である「近江阿弥陀寺」の所在を「現甲賀郡甲賀町」とするが、根拠は未詳。
(32)大永五年四月二十五日後柏原天皇綸旨案（東大史料編纂所架蔵写本『口宣綸旨院宣御教書案』所収、31丁表。請求番号４１７１・６８／２）。この史料も、東大史料編纂所の末柄豊氏よりご教示いただいた。
(33)「実隆公記」大永五年四月二十三日条、同二十四日条、同二十五日条、同二十七日条（『実隆公記』巻六上、二七九〜二八一頁）。前注（17）『滋賀県の地名』の「神郷村」の項（六五六頁中段）でも紹介されている。
(34)前注（17）『滋賀県の地名』の「神郷村」の項（六五六頁中段）。
(35)前注（17）『滋賀県の地名』の「興隆寺」の項（六一

中段）。

二頁下段）、同じく「願成就寺」の項（六三四頁上段〜

(36)「言継卿記」天正四年六月十三日条、同十四日条、同十五日条（新訂増補『言継卿記』第六巻、一六七〜一六八頁）。

(37) 竹田聴洲氏「墓寺と寺墓―墓と寺との癒着・その二―」（初出71年。同氏著作集第一巻『民俗仏教と祖先信仰（上）』所収、「民俗仏教と祖先信仰」の前編「寺伝から見た民間〈浄土宗〉寺院の一般的成立」第二四章、93年、国書刊行会）。

(38) 明徳二年四月一日藤原直親置文（「石津寺文書」。『近江栗太郡志』巻五、五一九〜五二〇頁）。

(39) 本文に掲げた部分につづけて直親は、「南都西大寺の御門弟」である「佐々木慈恩寺の長老興算」の弟子で、「戒律興行の僧」である祐算と、新たに「師檀の契約」を結び、祐算を新住持に招聘して寺を復興することを表明している。細川涼一氏がかつて指摘された、律僧に対する社会的な期待の所在が、この例からも確認できよう。細川涼一氏「大和竹林寺・般若寺・喜光寺の復興」（初出81年。同氏『中世の律宗寺院と民衆』所収、87年、吉川弘文館）の、とくに六二〜六五頁、七〇〜七一頁。

(40) 天文十四年十月十四日年行事長種・重長連署誓安寺法度（「誓安寺文書」。『近江蒲生郡志』巻七、五四八〜五五一頁）。

(41) ②条に見える初代住持永順については、本文前述の「蓮門精舎旧詞」の誓安寺の項にも「起立、天文十四年。開山、永順法師」と見える（「蓮門精舎旧詞」第二四冊。『浄土宗全書』続第一八巻三四九頁上段）。

(42) 本文では掲示を省略した⑬条においては、「年中行事」（年行事と同じ意味であろう）役を交替で務める一三名の名が、六番に編成されているが、いずれも官途（または通称＋官途）と実名の組み合わせのみで、姓や苗字を欠く。これは、彼らが全員同じ苗字の者であるからだと考えられる。彼らの苗字が「安部井」であることは、一六九九年に書かれた覚書（元禄十二年三月高木行法誓安寺縁起、「誓安寺文書」。『近江蒲生郡志』巻七、五五一頁）に、

江州浅香山誓安寺は、安部井姓の世々の菩提寺なり。当時の古墳が今に存す。（中略）明応の一戦に回禄に罹り、七堂九社はことごとく焼失す。ゆえに天文十四年、安部井因幡守秀家が、先人の墳墓の長く泯滅せんことを恐れ、小寺を造営し、浅香山誓安寺と名づく。

とある（原文の和製漢文体を、引用に当たって筆者が読み下した）ことからわかる。そして右の記事の「明応の一戦」の語の後には長大な割注が記されており、それによると、将軍足利義材による六角征伐の折に、六角高頼の部将平井河内守頼国が将軍家の猛将安部井和泉守宗行の首を取り、旗を奪ったため、この軍功を賞して、六角高頼は平井頼国にこの敵将の姓＝安部井を名乗らせ、三条宗近の刀を与えたのだという。誓安寺法度の⑬条には、「二番」の筆頭に、

　城主、右衛門太夫長弘。後ニ因幡守秀家。

と見えるので、秀家は、当初は右衛門太夫長弘と名乗り、この地域に城を構えた武将であったようだ。

（43）本文所掲⑦条の「率都婆等」は、『近江蒲生郡志』巻七では「率都婆又」と翻刻されている。「又」は、「等」の悪質な崩しが誤認された可能性はないだろうか。

（44）ただし、前注（42）所掲の一六九九年の覚書によれば、誓安寺が将軍義材による六角征伐（一四九一～二年）以前から「七堂九社」の威容を誇り、一五四五年の安部井因幡守秀家による再興以前から安部井一門の「先人の墳墓」が存在していたことになる。しかしここでは、同時代史料である一五四五年の誓安寺法度についての解釈を優先して、本文のように考えることとする。

（45）勝楽寺領分絵図（「勝楽寺文書」。東大史料編纂所架蔵影写本『勝楽寺文書』一〇丁表～裏、請求番号３０７１・６１／５７）。同所閲覧室に設置されている影写本複製版では、『長寿寺文書・勝楽寺文書　外四合』に合綴されている。画面左下に「勝楽寺領分写。尤、秀次公之除地」とある。

（46）延宝六年一月七日洞覚院除地申請書控（「洞覚院文書」）。『滋賀県八幡町史』下巻一一〇頁下段～一一一頁上段）。文書原文で日付が「一月」（「正月」ではなく）となっているのは、やや不審である。

（47）年未詳二月二十日伴儀兵衛等連署願成就寺分寺域確認書（「願成就寺文書」）。『近江蒲生郡志』巻七、八四頁。『滋賀県八幡町史』下巻一〇五頁下段～一〇六頁上段にも再録）。原文では「寺さんまいの南之土井」と表記されている。

なお、一七六四年に願成就寺が公儀へ提出した返答書の文面には、

　「山門兵乱」（織田信長による一五七一年の比叡山焼き打ちか）の際に、（比牟礼山の八幡宮を中心とする天台系寺社は）ことごとく滅亡したが、成就寺（＝願成就寺）の普門院だけが残存し、本堂は比牟

礼山上にあった。しかし、天正年中に豊臣秀次が比牟礼山を居城用地として収容したため、成就寺は日杉山という場所に替え地を与えられ、移転した。(中略)この移転の際に、秀次の家老から書面を与えられ、その文書を現在まで保管している。

といった趣旨が見える(明和元年普門院返答書控。「願成就寺文書」。『滋賀県八幡町史』下巻一〇五頁下段)。右の　線部に言う文書(原文では「秀次公御老中様より御書付」)が、ここで取り上げた願成就寺分寺域確認書に当たり、確認書の差出人として連署する伴儀兵衛・中嶋太治右衛門・井口太郎兵衛・木村善兵衛の四名が、秀次の家老なのであろう。

(48) 中世の願成就寺に属した院坊としては、中世に書写された同寺の「大般若経」諸巻の奥書に、「成就寺の西谷大教坊において書写しおわんぬ」(一九巻、康暦三年＝一三八一)、「成就寺の教覚坊において」(二三巻、二二五巻、四四九巻、いずれも康暦二年＝一三八〇)、「寺僧老若合して、再興せらる。このうち、極楽房の住持上野公全秀が、骨をくだき情を屈して大功を成し」(二一四巻、康暦二年＝一三八〇)、「比牟礼山成就寺の大智房において書写しおわんぬ」(三九一巻、年未詳。ただし書写者の勢俊は、例えば二六四〜六巻と二六八〜九巻を康暦二年＝一三八〇に書写している)といった記事が見えることから、大教坊・教覚坊・極楽房・大智房の名が知られる。また、「大泉坊において書写しおわんぬ」(一三一巻、康暦二年＝一三八〇)と見える大泉坊も、願成就寺の院坊であろうか。『滋賀県八幡町史』下巻五三頁下段〜六〇頁上段所掲の「願成就寺大般若経奥書」参照。なお、前注(47)所掲の十八世紀後半の返答書等に見える普門院は、願成就寺自体を指すようなので、除いた。

(49) 藤田励夫氏「近江の三昧聖・煙亡について」(細川涼一氏編『三昧聖の研究』所収、01年、碩文社)

[補注]「実隆公記」文明九年(一四七七)十一月二十三日条によると、二尊院の院生が三条西実隆のもとへ来訪し、「先日まで、江州敏満寺の灌頂大阿闍梨を勤めるために、現地へ出張していた」と語っている(『大日本史料』八編一〇冊、文明九年年末雑載「仏寺」条、九〇頁)。長享三年(一四八九)に漏野火葬場開設に対する勅許の申請を取り次ぐ十二年も前から、二尊院は敏満寺と密接な関係を有していたのであった。この史料については、勝田至氏よりご教示いただいた。

山寺における直線道路の存在
―近江国南部の事例を中心に―

藤岡　英礼

はじめに

中世寺院遺構に都市的性格を認めるに際しては、都市設計の有無、具体的には直線道路とこれに付属する町屋的空間の存在が必要とされる。敏満寺では中心伽藍が推定される丘腹の胡宮神社と、山麓の多賀大社門前町を結ぶ直線道路沿いに、方形の平坦面が多数設けられている。平坦面の多くは坊院跡とされるが、これに町屋的空間が付属するか否かは、議論が分かれており決め手を欠いている。

敏満寺遺跡の都市的様相について検討した前川要氏は、チャイルドが定義した都市プランの特徴である「人口の集中」「役人・工匠などの非食料生産者の存在」「記念物・公共施設（直線道路）の存在」が、敏満寺をはじめとする湖東の山寺に見られる事から、「湖東型」中世寺院集落と呼ぶべき都市類型を設定し、遺構分析では都市計画の基準となる直線道路を重視した。

前川氏が示した敏満寺の変遷は、十二から十三世紀段階では曲線道路で、商工業者の凝集はないが、十四から十六世紀前半になると、南北の直線道路を軸に、本堂や寺坊と町屋的遺構の組み合わさり、商工業者の凝集を見るなど、都市空間として認識できるという。

山寺（寺院集落）は、直線道路を成立させることによって、一個の完結した空間から、商工業者の凝集を可能とする開かれた「境内」寺院へと転化し、寺院を中心とした都市設計を可能とした事になる。

しかし、山寺の遺構に表面上、チャイルドの定義に該当するものが含まれたとしても、明確な中世（中近世移行期）都市が見られないと指摘される近江国で、「直線道路」を持つ山寺全てが都市的様相に結びつくかは必ずしも明確ではない。そこで本稿は、近江南部（旧栗太・野洲・甲賀郡・蒲生郡）の事例を基に、直線道路と道路沿いの空間が、山寺の中でどのような位置づけになるのか検討し、敏満寺の性格を議論する素材を提供したいと思う。

山寺の平坦面

近江国は、比叡山といった天台勢力や、修験系の勢力が、中世を通じて多くの山寺を築いた。こうした山寺遺構については、用田政晴氏の立地（地形）による分類や、先述した前川要氏の「湖東型」寺院集落の類型が提唱されている。これまで山岳の宗教施設として一括されてきた山寺遺構について、具体的な遺構プランを分析する段階にきている。

図30は典型的な山寺遺構を持つ金勝寺（栗東市荒張）である。奈良時代に東大寺を開いた良弁が開基とされ、天長十年（八三三）に定額寺になるなど、平安時代にかけて伽藍が整備された。一九八五年に行われた発掘調査でも、九世紀以降の遺物が顕著に認められ、寺史を裏づけている。平安時代後期には天台宗の影響が強まるようだが、室町時代以降は徐々に勢力を衰えさせていった。

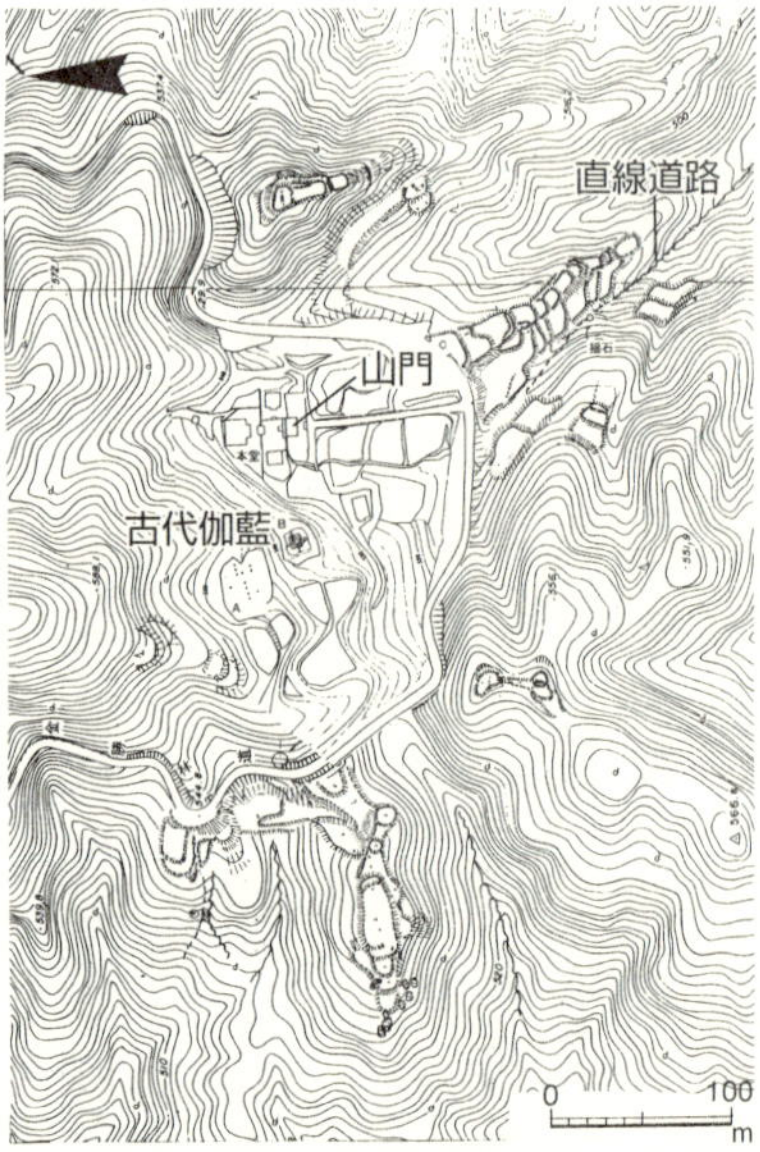

図30　金勝寺概略図

現在の境内は、近世以降に建てられた本堂や山門などを僅かに残すだけだが、それを取り巻く広い境内には、古代から近世までの平坦面が重複する。

平坦面には様々なものが見られるが、規模や形態に共通点を持つもの同士が、まとまりを持って幾つかのグループを形成している。傾向的には、本堂周辺のグループは平坦面の面積が大きく石垣などの区画を持つが、これから離れるに従って平坦面の面積は小さくなり、帯状の不整形な平坦面が見られるようになる。

近世に製作された絵図によれば、大きな平坦面には立派な建物が描かれ、小さな平坦面には粗末な建物が描かれている。寺院内部の平坦面の姿を知る史料に乏しいが、整形の方法や面積が、かつて存在した寺坊の性格や規模を反映すると考えた場合、筆者らが踏査した近江南部や蒲生郡の山寺では、大別すると五種類の平坦面から構成されている事に気がつく（図31）。

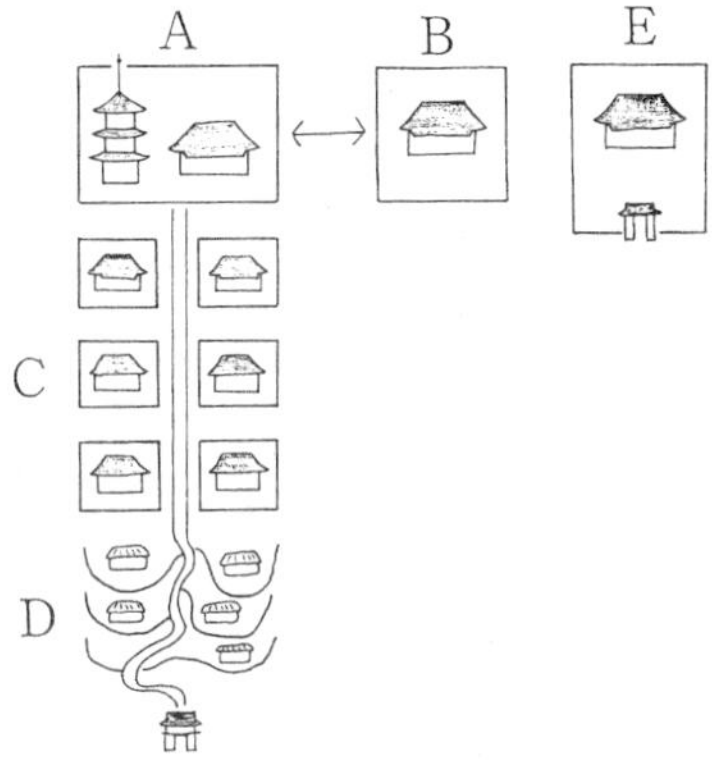

図31　平坦面模式図

A：中心伽藍～本堂や塔など複数の中心的な建物を持つ、大規模な平坦面

B：小規模中心部～平坦面の規模は、小規模な建物が一堂程度建つ面積しかないが、寺域の中では本堂を持つなど、中心的な位置づけになるもの。

C：整形平坦面群～地表面で明瞭に観察される平坦面群。方形又は整然とした区画を持つ。

D：不整形平坦面群～地表面で確認されるが、整然としない不整形な帯状の平坦面群。

E：単一平坦面～比較的大きな平坦面を一箇所程度造成したもの。本堂・門・鐘楼などを伴い、寺務の機能を凝集したもの。

これらの平坦面をA～Eの金勝寺にあてはめると、同寺はA・C・Dタイプの集合体からなることがわかり、その形態をA＋C＋Dと表現できる。これを敏満寺に当てはめた場合、『多賀大社参詣曼荼羅』を参考にすれば中心部の構造は、塔や大規模な本堂が画かれるため、Aタイプとなる。発掘された丘陵上の遺構については、本堂から延びる直線道路の両脇に方形タイプの平坦面があるため、Cタイプとなり、A＋Cの外側（周辺部）に点在する不整形で小規模な平坦面はDタイプとなるための平坦面が点在するため、敏満寺の全体構造はA＋C＋Dのタイプとなる。金勝寺と敏満寺は同じタイプであり、さらに両寺とも直線道路を有している。金勝寺は敏満寺に比べても高い山岳地にあるが、山寺のプランは立地（地形）に関係なく展開したといえよう。

直線道路を持つ主要寺院の検討

上述したCタイプの平坦面群が、直線道路に沿って配列される山寺は、近江南部に残る一七〇余の山寺の中では十カ所程度（金勝寺・観音寺・少菩提寺・長寿寺・竜王寺・桑実寺・阿弥陀寺・長命寺・瓦屋寺・成願寺（太郎坊））にとどまっている。観音寺（栗東市観音寺）を除けばいずれも地域の中心的な山寺である。以下、主な山寺の直線道路と平坦面の構成を見ていこう。

長寿寺（湖南市東寺）　図32

天平年間（七二九～四九）に良弁が開基したと伝える。

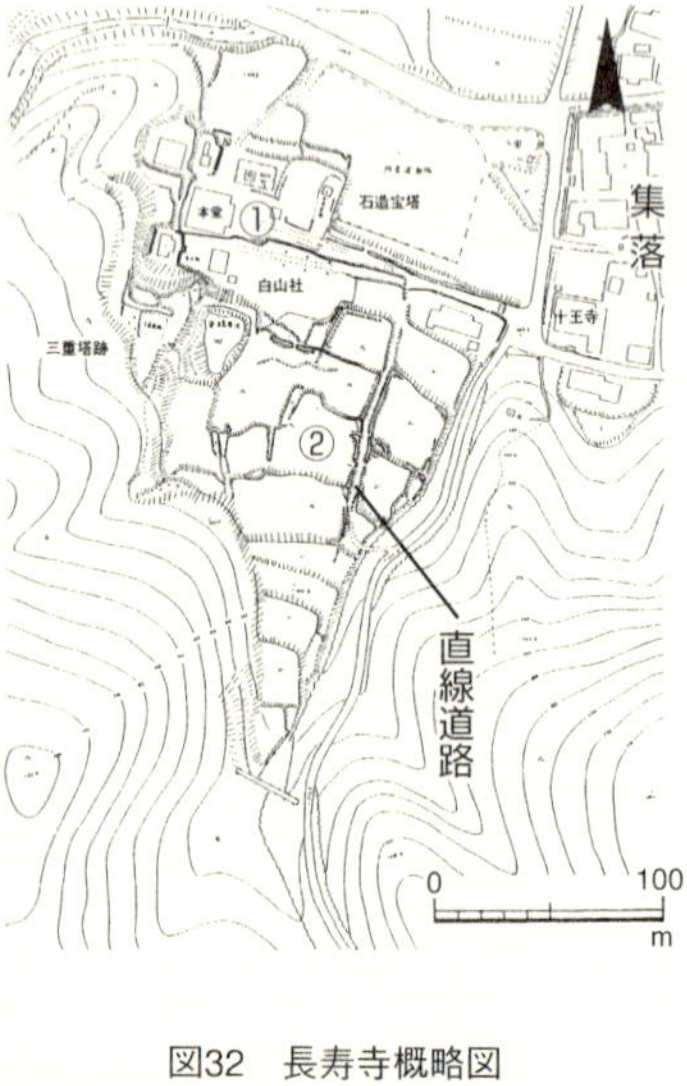

図32　長寿寺概略図

前身寺院は南側の山腹にあったと伝えるが、現在の地に伽藍が営まれた時期は不明である。

平安時代には天台宗に属しており、鎌倉時代から室町時代にかけて伽藍を整備した。しかし、天正年間（一五七三～九二）に織田信長によって焼き討ちされ、衰退したと言われる。

長寿寺の遺構は、鎌倉時代に創建された本堂を中心とする伽藍域①と、南側谷部に雛壇状に展開する平坦面群②からなる。②では、ほぼ中央に直線道路が造られ、その両側にCタイプの方形の区画が展開する。しかし、①と②は直線道路によって直結されず、並立する位置関係にある。②内部はいずれも規模・整形方法が同一で、有力かつ均質な集団によって坊舎群が維持されたと認識できる。

寺院に接する集落は、本堂から東に延びる直線道路の延長にあるが、集落景観の大部分は寺院のプランに影響を受けておらず、集落の性格も一般集落の様相を呈している。

阿弥陀寺（近江八幡市北津田町）　図33

貞観七年（八六五）に奥津島神社の神宮寺（別当寺）として開基された。中世には、本堂や東・西・北谷に坊舎が存在していた。元亀二年（一五七一）に織田信長による焼き討ちで衰微した。

図33　阿弥陀寺概略図

阿弥陀寺の遺構は、三つのブロックに大きく分かれている。伽藍域と推定される①をはさんで、北側谷部②と南側丘腹・谷部③に直線道路を伴う平坦面群が存在している。これは記録に見る北と西谷のグループに相当すると思われる。個々の平坦面は、②と③で大きさを異にするが、これは寺内における両者の勢力差を反映していると思われる。

阿弥陀寺の位置した奥島庄には、応永十八年（一四一一）に比叡山管下の湖上関の一つである「奥島関」があった。また琵琶湖東岸で二つのコースが存在した天台修験系の回峰行修験のネットワークにも関わっている。隣接する長命寺と並んで、比叡山傘下の有力な地方寺院として、高い地位を有したと考えられる。しかし、阿弥陀寺の隣接地に都市的な施設を見ることはできない。

長命寺（近江八幡市長命寺町）　図34

開基は聖徳太子と伝え、承和三年（八三六）に延暦寺西塔の別院となり、鎌倉時代以降に佐々木六角氏の庇護を受けた。戦国時代には度々戦災を受けたが、その都度復興され、江戸時代には十九の坊院が存続していた。

長命寺の遺構は、長命寺山の南中腹の谷部にあり、本堂や三重塔を伴う中心伽藍から、琵琶湖岸まで直線道路が伸びる。直線道路の両脇は、Cタイプの平坦面群が存在する。平坦面の斜面に用いられた石垣は、多くは近世に整備されたが、部分的に中世期のものが含まれる。平坦面は直線道路から離れるに従い、Dタイプの平坦面が増加し寺域の外縁を構成する。

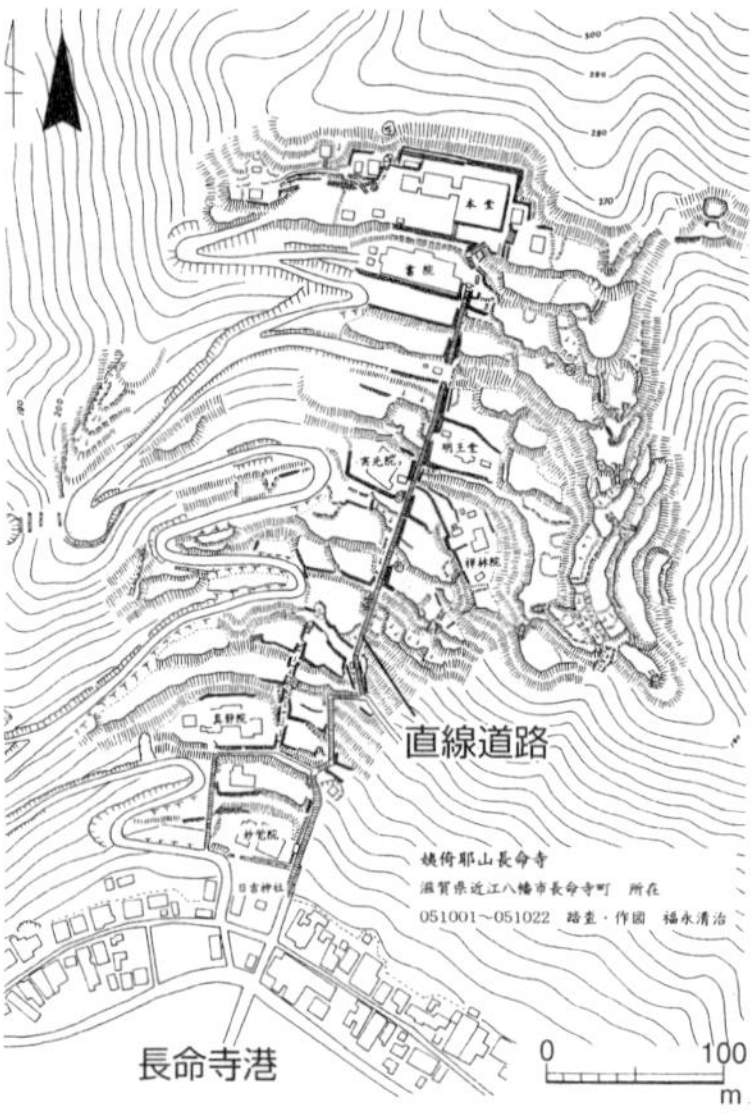

図34　長命寺概略図（作図：福永清治氏）

桃山時代に成立したとされる『長命寺参詣曼荼羅図』によれば、湖岸と直線道路の結節点に「長命寺港」が開かれており、港湾施設を持つ門前集落が展開していた。

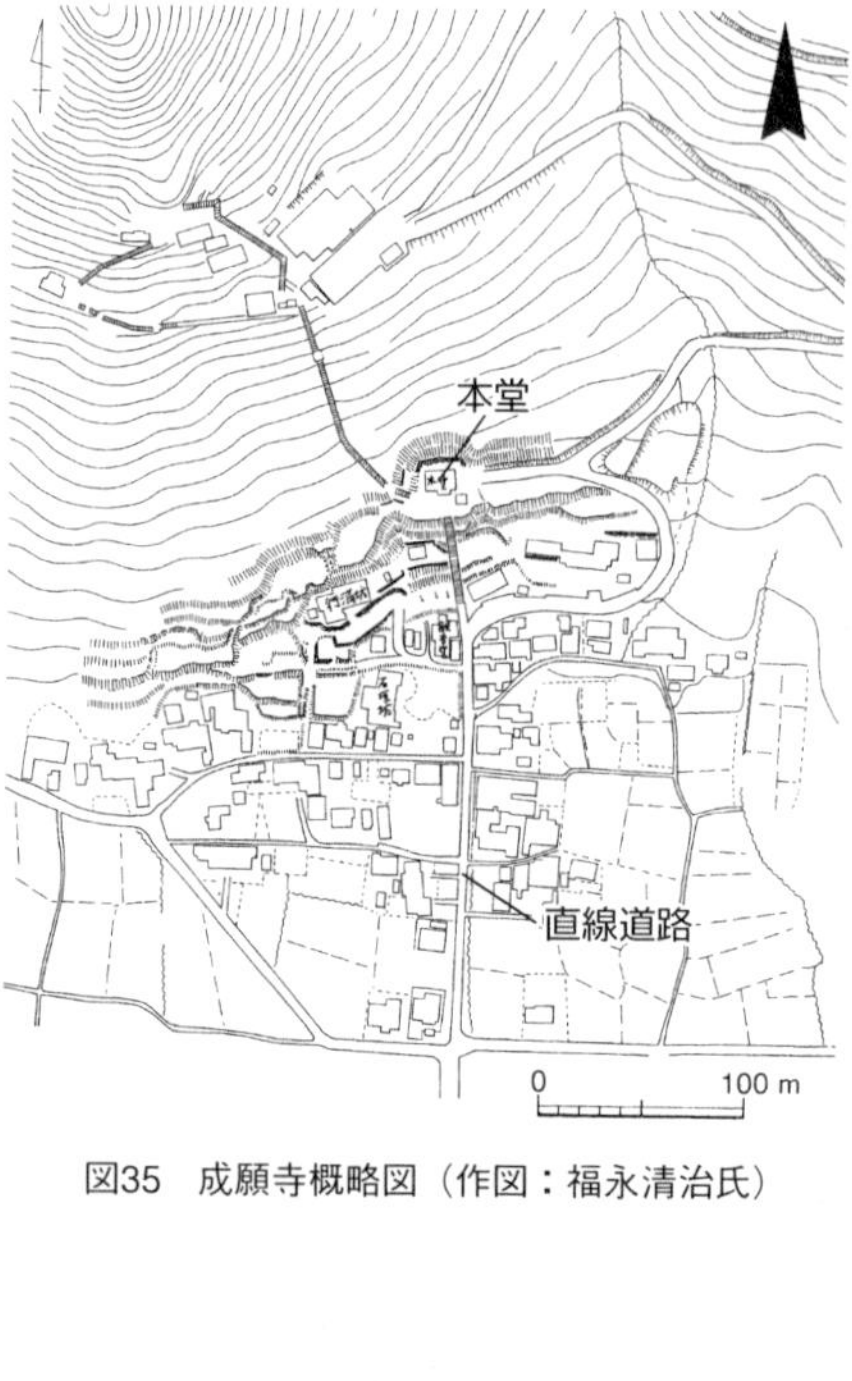

図35　成願寺概略図（作図：福永清治氏）

成願寺（東近江市小脇町）図35

延暦十七年（七九八）に最澄が開基したと伝える。もとは太郎坊宮の別当寺であったが、比叡山の拠点寺院として発展し、五十余の坊舎を有したとされる。元亀・天正（一五七〇~九二）の兵火によって衰微し、江戸時代には二坊を残すだけとなった。

遺構は、神体山である太郎坊山の中腹に設けられた成願寺の本堂から、八風街道に向かって直線道路が延びる。直線道路の両脇には、Cタイプの平坦面が存在し、ここから直線道路から離れるに従い、Dタイプの平坦面が増加する。これは寺域内部の有力な坊舎が直線道路沿いに集まった結果と考えられる。

成願寺の西隣に位置する小脇は、戦国初期まで佐々木六角氏の守護拠点が置かれた地で、小脇宿が周辺にあった。

成願寺から尾根を一本隔てた東側の八日市（場）は、蒲生郡と神崎郡の郡境に作られ、近江国内でも有力な市場の一つとして知られている。成立時期は不明だが、八日市の地名の由来は、成願寺の本尊である薬師如来の縁日が毎月八日であり、これに併せて市が立てられたことから来たと伝える。この伝承を信じれば、市場の建設には成願寺の主導が認められる事になろう。

しかし、八日市場内の金屋（東近江市金屋）にある野々宮社（十禅師社）は、延暦三年（七八四）に坂本から勧請されたという縁起を持ち、成願寺より古い由緒を強調している。

『源平盛衰記』の治承四年（一一八〇）段階では「小脇の八日市場」とあるため、成願寺山麓や、小脇館周辺に都市的な場が存在したと思われる。しかし、応安四年（一三七一）以降になると保内商人が金屋付近での土地売買を集中させており、応永三十三年（一四二六）には小幡商人と保内商人の市売圏の裁定を延暦寺が下すようになる。

十四世紀以降には、成願寺や小脇館にかわって、延暦寺が郡境での市場建設を主導した可能性があり、これが室町時代以降に六角氏のてこ入れで、さらに発展したのであろう。成願寺も引き続き繁栄したが、市場は一寺院の管轄から離れて発展していった。

まとめ

以上、直線道路を持つ山寺遺構を概観したが、近江南部の山寺は長命寺を除けば、直線道路の延長に町屋といった都市的な場を形成した痕跡はない。長命寺は別に論じる必要があるが、成願寺のように、寺院の盛期に並行して八日市場の移転が行われた場合、山寺の周縁にあっても、都市的な場と寺院の発展は分けて考える必要があろう。

図36は、中世後期に紀伊国北部から和泉国南部にかけて勢力を誇った根来寺の概略図である。その平面構成は、中心伽藍・子院群・西坂本（門前集落とされる）・軍事施設（前山砦・伝西山城）からなる。

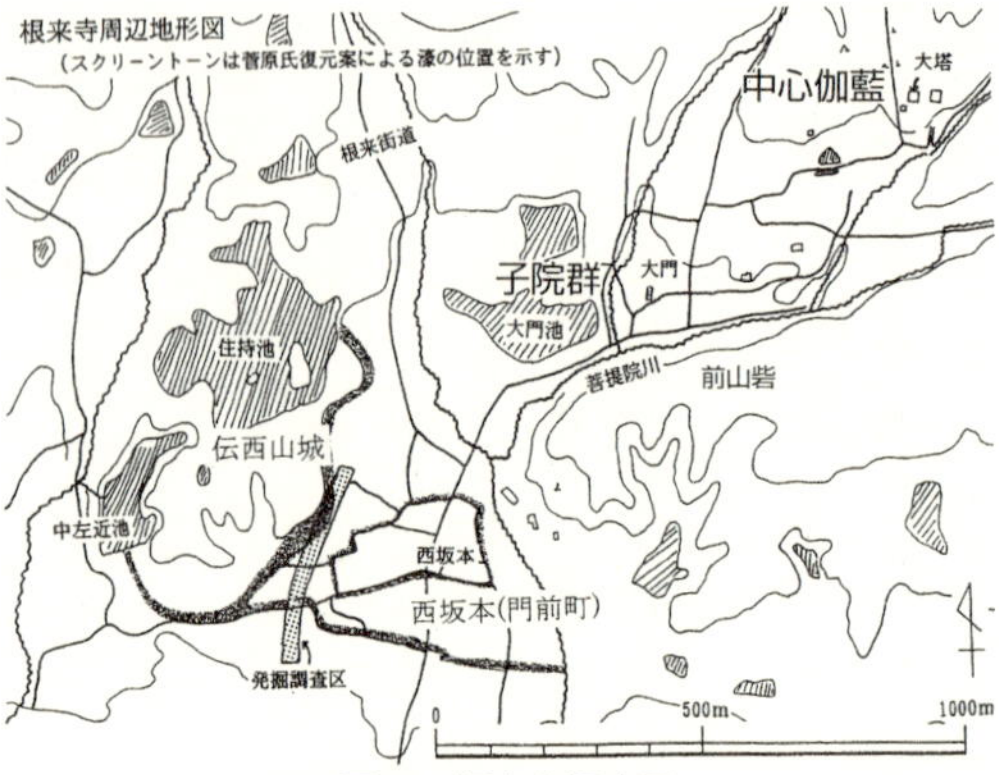

図36　根来寺概略図

子院群は、藍染用の大甕や鍛冶工房を持つなど、商業的性格を帯びる都市的空間と認識されている。その一方、子院群の南にある西坂本は、純然とした商人が居住する空間とされる。西坂本に住む「材木屋与五郎」は永正元年（一五〇四）に根来寺の足軽として出陣しており、根来寺による住人の組織化が見られる。その意味では、坂本は根来寺の周縁施設（集落）と位置づける事ができよう。

しかし、根来寺を守る軍事施設は、中心伽藍や子院群の防御に重点が置かれており、坂本の防御は意識されていない。また、坂本も集落を囲む大溝を独自に有していたことが知られており、子院群とは別の空間を形成していた。

根来寺は、天正十三年（一五八五）に豊臣政権によって中心伽藍の一部を残して滅亡したが、西坂本は根来寺の荒廃とは関係なく発展し続けた。歴史上は近接する有力寺院―根来寺の影響を受けてはいたが、平面構造の上では、一寺院の境内プランに組み込まれたり、

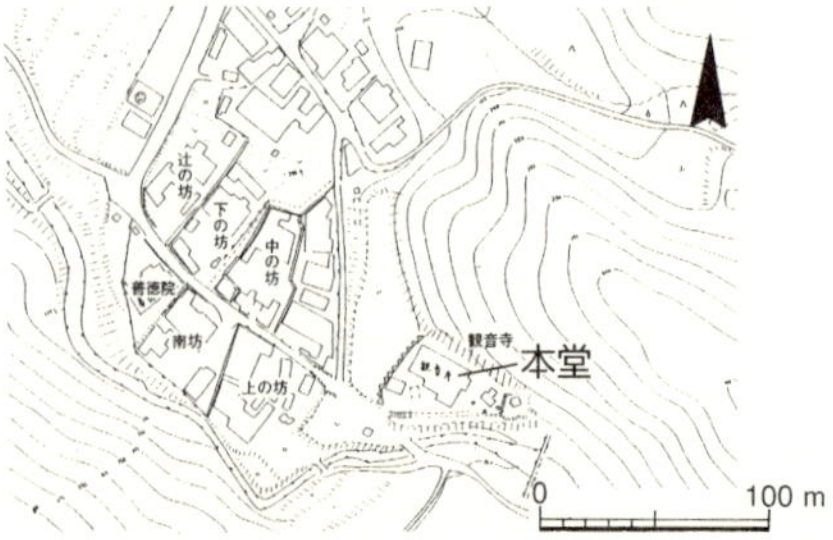

図37　観音寺概略図

影響を受けた訳ではなさそうである。

次に、直線道路とそれに沿った平坦面が、山寺内部でどのような位置づけになるか考えよう。

図37の観音寺（栗東市観音寺）は、かつて修験集落として機能していた。集落の最も奥まった地点にある観音寺は、境内が狭くBタイプの平坦面になる。観音寺は十八世紀前半までは、本堂から北西に延びる直線道路に沿った五つの坊に、もう一人を加えたメンバーの合議によって運営されていた。直線道路沿いの坊は除地（免税地）となり、集落内で最も規模が大きく、特権的な地位にあった。直線道路から外れる屋敷地は、明瞭な区画のないDタイプの平坦面となるが、これらは寺院運営の主体からはじかれていた。

この事から、直線道路沿いの平坦面には特権的な地位にある集団が居住し、権威の高さが寺院運営の主導権に直結したと思われる。紹介した金勝寺・長寿寺・阿弥陀寺・成願寺・長命寺の全てが、直線道路沿いにCタイプの平坦面を集めている。これらは観音寺と同様に寺院運営を主導した集団と位置づけられるであろう。時には長寿寺のように、中心伽藍を見下ろす地点に半独立的な空間を形成する場合もある。

Cタイプに見られる有力な「坊（房）」の内部構成は、黒田俊雄氏らによれば、比叡山では房主と弟子・同宿・稚児・若党・中間・所従からなり、大規模で多数の寺内身分を抱えたという。有力な「坊」集団は、中心伽藍に直結する直線道路に凝集することで、AやB、Dタイプの空間を圧倒し、寺院の動向を左右する存在になったのであろう。

近江南部における山寺の直線道路は、有力な寺院にしか分布しない。このため直線道路は、一部の有力な地域寺院が権威化を図る目的で形成した、一種のシンボル的な役割も併せ持つ持と思われる。

前川氏は、「湖東型」中世寺院集落は、求心性が比較的弱く、商工業者の凝集もあまり顕著ではないとした。多数の人員を抱えた山寺は、居住者の需要を満たすための生産活動を必要としたが、近江国南部の山寺が、内部に根来寺子院群のような商工業的性格を持っていたかは不明である。ただ事例にあげた山寺の多くが、町屋的な商業施設の付属をほとんど見ないことを考慮すれば、地域の山寺は、商工業施設の凝集よりも、同質の集団による寺院運営の方を優先したと思われる。権威性の保持と商工業者の凝集とは一線が画されていたのであろう。

敏満寺に町屋的施設が付属するかは依然疑問のままだが、有力な地域の山寺が、商工業者の凝集よりも権威性の高い共同体の形成や保持を重視したとすれば、敏満寺の延長で展開したと考えた町屋的施設や、門前町は敏満寺に付属するというよりも、敏満寺（寺院集落）・多賀大社・周辺集落に囲まれた、街道沿いの施設として、地域全体で共有された存在と考えることもできる。

ところで、最初にあげた直線道路を持つ十ヵ所程度の山寺は、敏満寺と同様に全て比叡山の影響を受けている。しかし、八日市場のように、比叡山傘下にあったはずの地域の山寺が、中世後期に都市的な場の支配から排除され、より上位の勢力である比叡山や六角氏の関与が進むとすれば、地域全体で共有されたかに見える都市的な場も、中世後期の近江は、一国規模の勢力によって、地域の寺社や都市的な場、商工業者の再編が行われた可能性が考えられる。

中世後期における近江の都市的な場は、一寺院との関わりだけでなく、一国規模の勢力やネットワークとの関わりの中で捉える必要があろう。こうした空間の形態は、寺院や城郭を中核にして、完結した空間を作り上げた寺内町や城下町とは方向性が異なっており、近江国ならではの地域の市・町や周辺景観の復元が求められる。

《参考文献》

㈶栗東市文化体育振興事業団 編『忘れられた霊場をさぐる―栗東・湖南の山寺復元の試み』二〇〇五年三月
㈶栗東市文化体育振興事業団 編『忘れられた霊場をさぐる2』レジュメ・資料集、二〇〇五年十一月
伊吹町教育委員会『京極氏の城・まち・寺』二〇〇三年（用田政晴氏講演分を収録）
菅原正明「根来寺西山城の築城について」（『和歌山県立博物館紀要』八号、二〇〇二年）
黒田俊雄『日本中世の社会と宗教』岩波書店、一九九〇年
下坂　守『中世寺院社会の研究』思文閣出版、二〇〇一年
前川　要「中世近江における寺院集落の諸様相」（『日本考古学』一九、二〇〇五年五月）

交通の十字路敏満寺

松澤　修

敏満寺とは？

重源上人と敏満寺

敏満寺と重源上人との深い関係は夙《つと》に知られている。それは例えば重源上人により五輪塔型容器に納められた舎利が寄進されていたり、敏満寺の復興時に藤原伊経筆の額が施入されているほか、文久二年（一八六二）の敏満寺衆徒宛の書状や東大寺の焼亡の報告をうけ、直ちに当時滞留していた高野山を出立し、その被災状況を観、その後敏満寺にいたり、その間にうけた喜捨を東大寺に送っている事実などから、上人が各地で築いた別所なみのきわめて強いつながりであることが判る。因《ちな》みに、上人の舎利にたいする信仰は大変厚いものである。東大寺

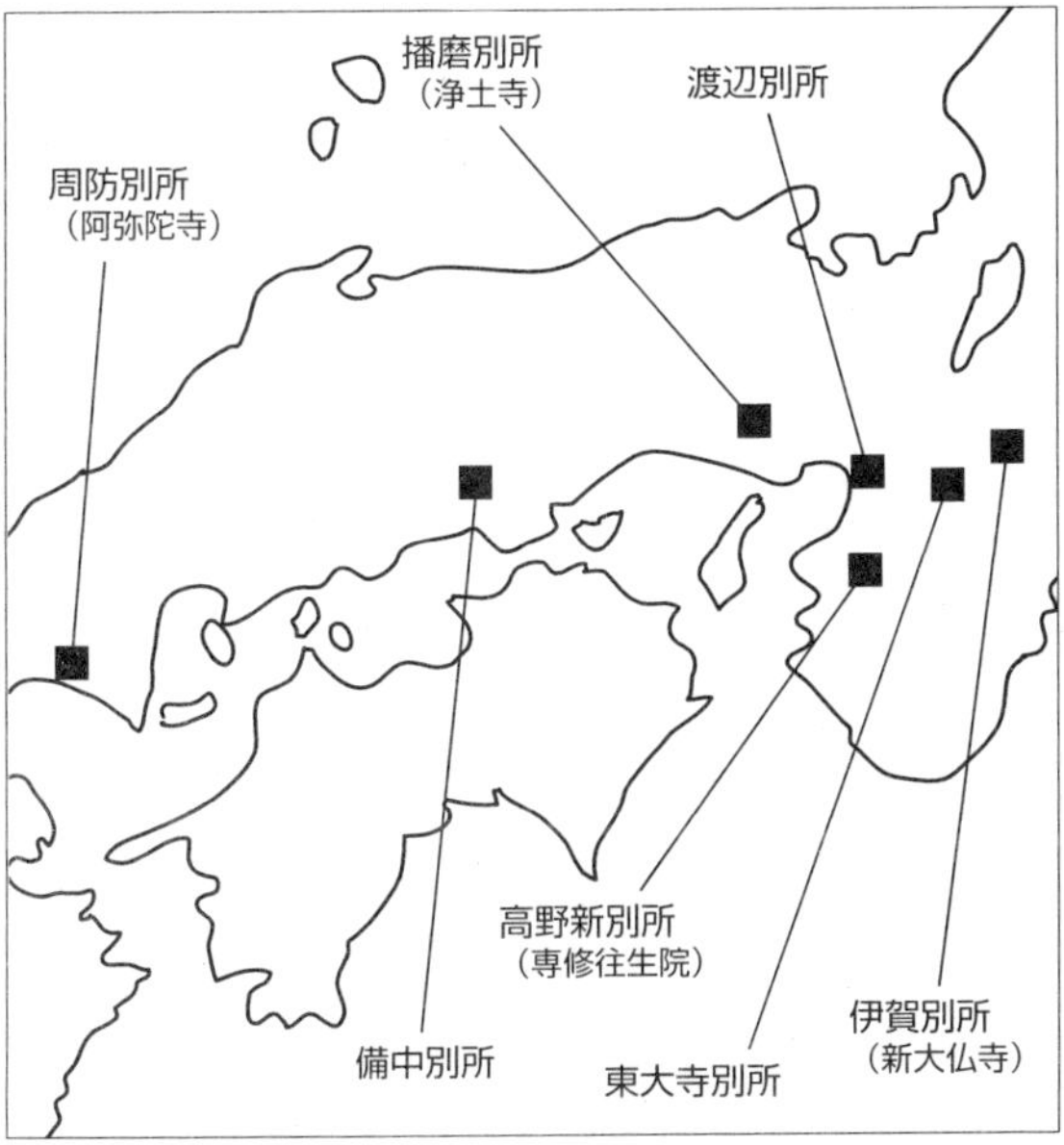

図38　東大寺の七別所

の復興にあたり、焼亡した東塔から奇跡的に発見された瑠璃壺《るりつぼ》中の舎利をそのシンボルとして位置づけ、補修した盧毘舎那仏の頭部や再建した東塔、そして新設した念仏堂に納めている。そのような意義をもつ舎利を敏満寺に寄進することは敏満寺においてもその舎利の霊験によってその興隆を計ったものであり、その後敏満寺には白川院の舎利など多くの舎利が寄進され舎利信仰の聖地として多くの人々の尊崇を集めることとなる。

敏満寺の位置

重源上人がこのように敏満寺を重視しているのはどのような理由によるのであろうか。その理由については、上人の北陸、東国に対する拠点としての役割と考えられている。上人が設立した別所（図38）を一覧すると、いずれも各地における対遠国の拠点であり、敏満寺が置かれた位置を考えると対北陸、あるいは東国への拠点であるとのその説は首肯できるであろう。では敏満寺はどのような位置にあるのであろうか。以下観察してみよう（図39）。

敏満寺に至る主な道は、近江東部の基幹道であり東国と通じ北陸と交接する東山道を基点として、①多賀道・彦根市高宮から敏満寺の岡山の南を経て多賀大社に至るもので、現在は高宮から一直線に続いているが、本来は柏地蔵の森から曲がって飯盛木に至り、そこから岡山に

図39　敏満寺周辺位置図

向けて進んでいたとされている。②小川原道・甲良町小川原から犬上川を抜け、飯盛木を通り多賀道と合流し多賀大社に至る道。③相木大道・この道は犬上川右岸の猿木から南に向けて延び、大門池の北西部で甲良町下之郷、北落を抜けて犬上川を渡り大門池の北側に至る道（これを仮に北落道と呼称する）と合流し、そこから敏満寺の南大門に至るもので、この南大門がその方向に向けて造られていることや相木大道が敏満寺の四至として記されていることから、この相木大道と北落道が敏満寺本来の参詣道であるとみられる。この場合、寺がその方向に留意して南大門を設けていることは、その陸路もさることながら、犬上川の舟運にも留意している可能性があり、北落道と犬上川の接点に港施設（この部分には古い二の井の取水口とみられる井堰状の遺構がみられる）があったことが考えられる。舟運についても十分に考慮する必要がある。

敏満寺に至る道は以上の通りであるが、このうち多賀道と小川原道は多賀大社を抜け保月、五僧を抜け濃州時山を経て東山道と合流し美濃に至る、所謂《いわゆる》五僧越えに通じる。この道は東山道の枝道としてかなり広範に使われ、当時の物資の流通や人の交通に重要な役割を担っていたものである。近世では島津藩の参勤交代の道として使われ、島津道とも呼ばれている。これらの道の通じる東山道に面した多賀道の高宮、あるいは北落道には四十九院やその途中の下之郷、尼子などの市場があり、また、犬上川の舟運では琵琶湖の入り口には八坂港が、犬上川には高宮港があり、それらに対する強い関連が考えられるのである。こうしたことから敏満寺が先にみた北陸や東国に対する拠点として存在したことは十分に考えられるのである。

町屋は存在しなかった

敏満寺遺跡のサービスエリア内の調査でCゾーン（図18）・町屋跡と呼ばれている区域がある。(1) この区域が町屋跡であるとする根拠は余り明確ではないが、次のような内容であると思われる。この区域内では多くの居住空間とみられる平坦面が検出されている。その平坦面が、①敏満寺本堂に至るとみられる多賀道から続く参詣路がさまざまな資料から復元されているが、これらの区画はその参詣路に面したり、そこから派生した道路に面しているのであるが、その形態が従来町屋跡として認識されている遺構に相似すること。②この区画が坊院とみられるAゾーン（図17）などの区画が土塁で囲繞されているのに対し溝で区画されており、それらと異なること。③埋甕や特殊な水溜遺構がありそれらについて、生産遺構の可能性があること、などであろう。しかし、次のような視点からこの区域も敏満寺の堂院、もしくは宿坊であったと考えられるのである。

区画の比較

Cゾーンの区画の大きさは例えば南谷の坊院とほぼ同規格である。また、溝の区画以外にも土塁が備えられている区画も存在し、逆に南谷の坊院とみられる区画で土塁のある平坦面はきわめて限られたものである。即ち西谷と南谷の区画には共通する内容が多いのである。これらの区画の造成の際は山や丘の斜面を大きく削平したものであり、大規模な地業であったことがいえる。従来知られている町屋跡は本遺跡のような形態の構造ではない。道路に面して区画が造られていることだけが町屋跡との類似点である。

敏満寺の丘の上には水が貯められていた

埋甕遺構は二カ所から検出されている（図40）。一つは区画9から、一つは区画3からである。これらは他の

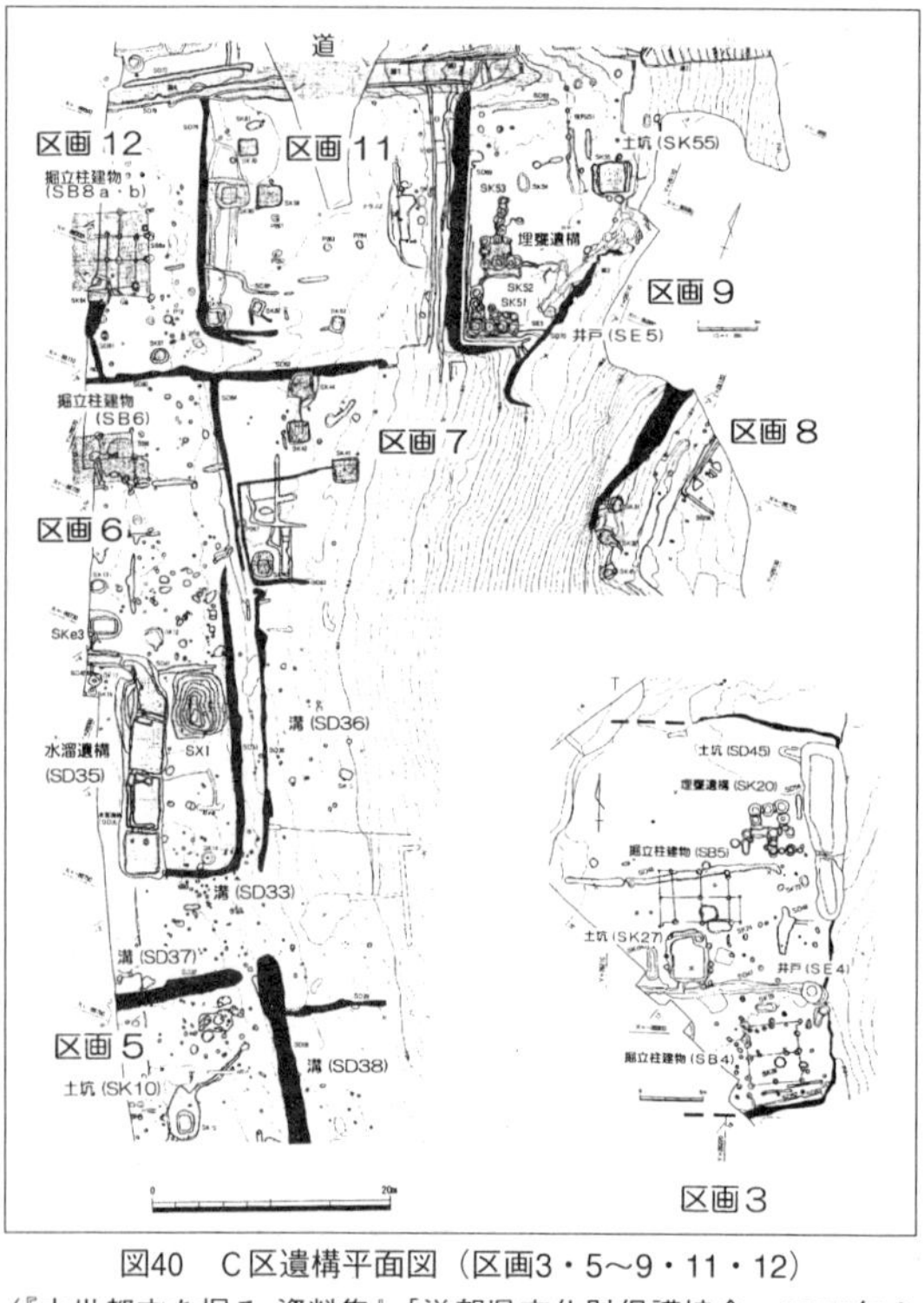

図40　C区遺構平面図（区画3・5〜9・11・12）
（『中世都市を掘る 資料集』［滋賀県文化財保護協会、2005年3月］より）

遺構から検出された、例えば油の貯蔵に使われたり、紺掻きに使われたりしたものと同様に複数個が整然と並べて埋めてあり、その点ではその様に生産・貯蔵に使われたことも考えられるのであるが、ただ、この遺構がそれらの施設と決定的に異なるのは、この二つの遺構が屋外に設置されていたという点である。このうち区画3の例は屋内に設置されていた可能性が若干あるものの、やはり、屋外の施設と考えられるものである。したがって、これらは藍染めや油などの貯蔵に使われたものではないのであり、これらの埋甕は屋外に設置されていることから貯水施設と考えられる。区画9の埋甕はSK51・SK52とSK53の二部からなるが、そのSK52は池状となり、それらは溝によって連結されており周縁の排水溝につながる一連の施設である。この施設が溝によって連ねられていることは甕から溢れた水はその溝を伝って区画の周囲に敷設された溝で排水されているとみられるのである。

また区画6の水溜遺構は三区画の土坑によって構成され、それは南側の区画から北側に向けその滞留した水の上澄みが流れるようにつくられており、明らかに浄水施設であるものの、それに付随する生産遺構は検出されておらず、水を溜めそれを浄水するための施設として造られたものとみられる。この遺構の傍《かたわ》らには土盛り遺構SX―1が検出されている。この遺構は浄水遺構を掘削した土によって盛り上げられており、そこにはなんの施設も認められない。このことから浄水遺構が緊急避難的に造られた可能性が考えられるのである。この浄水遺構が恒常的な施設であれば不要な土はこのように盛り上げず、べつの形で廃棄もしくは利用したほうが有効な方法とみられるのに対し、このように単に盛り上げた形にしたのは、例えば、寺に対する攻撃に対処するために急遽掘削したとも考えられる。

Cゾーン内ではこれらの貯水施設のほか湛水・貯水施設が多くみられるのに対し本来水を得るための施設である井戸は二～三基検出されるのにすぎない。しかし、Aゾーンの土塁をもつ主要な堂院跡と目される遺構には井戸跡が検出されており、主要な堂院にはそれが造られているのである。これは、昭和六十一年に調査された砦跡とみられる遺構（敏満寺城）から野面積みの井戸跡がその下底まで検出されているのであるが、その結果から井戸跡は深さ九メートルを計るきわめて深いものであることが判明している。つまり、この敏満寺の丘陵上では水を得るためには大変な労力が必要とされるのであり、その結果、地下水の利用より天水もしくは山からの湧水を利用することが多くなったと推定されるのである。したがって、そのための施設とみられる遺構が多く検出されていると考えられるのである。

多くの堂院が建っていた

また、このCゾーンと呼んでいる区域は敏満寺の西谷にあたる。『敏満寺縁起』によると元徳二年（一三三一）ごろ、この西谷には後堀河天皇の中宮・藻璧門院の御願寺である西迎院、同多宝塔や谷堂、延命寺、同大日堂、同鐘楼、同方丈如法堂、同地蔵堂、仏上寺、地蔵堂、浄土寺、同薬師堂、日光寺、光明寺の諸堂があるとされる（史料13）。この記録頃の西谷の範囲がどの程度か明確ではないが近年の字限図（口絵10）では敏満寺遺跡調査のAゾーン14区の北側の谷であるとされる。字限図に記されたAゾーン南側の平坦面・薬師谷、風呂谷はそのほとんどが土塁を持つなど規模がかなり大きく、さらに本堂のあったとされる胡宮神社付近は狭小で、七間の本堂をはじめとする諸堂が建つことは難しいとみられる。そのことから同字限図で表されている薬師谷、風呂谷はやはり胡宮神社のある地区と共に本堂地区に含まれるものとみられ、西谷は字限図の通りAゾーン14区の北側がその南限であるとみられる。西谷地区は広くはないのであり、このことから明らかなように、西谷の遺構群が町屋跡とすればこれらの堂舎・宿坊は全く建たないこととなる。

一方南谷にはこの『敏満寺縁起』には同じく藻璧門院の御願寺である西福院や観世音堂、極楽寺、権現堂、上林寺、光照寺、同多宝塔、同勧鎮守十二所権現、地蔵堂、往生寺、来迎寺、釈迦堂が挙げられている。これらの諸堂に対して南谷の三〇ヵ所ほどの各平坦面が造られているのであり、そこにはこれらの諸堂のほかにそれに仕える僧侶、あるいは坊院や宿坊があるとみられる。このような関係からみて西谷における区画も、南谷とその規格において同等とみられ、やはりこれらの区画も堂塔やそれに関連する施設であろうと考えられるのである。

因みに尾上谷・北谷には丈六堂、西明寺、観音堂、地蔵堂、大円寺、同如法堂、西円寺、同如法堂、権現堂、円性寺の各堂が挙げられている。本堂地区や西谷、南谷地区に比してその数が少ないことから字限図の丸山（敏満寺調査のBゾーン、図17）、北谷地区がそれにあたるとみられる。敏満寺遺跡は敏満寺跡であり、この丘陵上から青龍山中腹の一部、石仏谷墓跡南部の谷川付近がその範囲である。丘陵全体が敏満寺の境内ということになり、そこに本堂をはじめ藻壁門院の西福院や西迎院、亀山天皇の法行院などの塔頭が建ち並んでいたのであろう。因みに、このCゾーン・西谷の堂院は南側、つまり、本堂に近い部分と北側部分にはその出土遺物から時期差があるとされている。しかし、その遺構の上面は大きく削平されその出土遺物は少量であり、さらに、埋甕遺構の甕は全て抜き取られているなど、遺構群が廃絶したとされる十六世紀後半に大きな改変を受けているとみられ、西谷の地域による年代差には聊《いささ》か疑念がある。

敏満寺の四至のうち北側は「北寺登道」即《すなわ》ち、西谷のCゾーンを含む地域であり、堂院が建っていたかは別にして、少なくとも鎌倉時代末にはこの地域も寺の敷地として認識されていたのであり、新しい時期にそこが組み込まれたものではないのである。

南谷の堂院跡

石仏谷墓跡調査の後に発掘が行われた墓跡北側の堂院跡ではその前面を中心とした石垣を持つ建物跡が検出されている。(2) そこには三次の焼土・炭層があり焼損したことが判明しているが、その都度谷側・前面に拡大しながら建て替えが行われ、その最終の焼土面の外郭石垣の上部にはさらに盛り土がなされている、この盛り土の基底には礎石に使われていたとみられる大型の石が積み込まれている、つまり、それまで存在していたであろう建物を破壊してこの盛り土が造られているのである。それは土塁状にこの平坦面を囲っている形となることから最終面は防御的な施設になるとみられ、その最終の焼土層からは十六世紀後半の土器が検出されていることから、その上部に造られたこの土塁状遺構は、あるいは、敏満寺の最後の抗争・浅井長政、織田信長との戦いに備えた施設となっている可能性がある。

この遺構は南大門から直線的に延びていた道跡に面していることや、例えば、調査された南谷の他の堂院跡（I区やJ区など）の地業が単に山の斜面を削平して造られるのに対し、その地業が石垣の造成、盛り土やその固める作業により成されるという丁寧・堅牢なことからみて先の西福院に近い主要な堂院跡とみられるのである。この堂院跡からは石鍋や土師器、常滑焼、瀬戸焼、信楽焼などの国産陶器の甕、鉢、壺、皿、火舎のほか中国船載の青磁碗・鉢・皿・青白磁水渦紋梅瓶・合子、染付菊花小皿、あるいは、金銅製懸仏、瓦などの遺物が出土している。それらは十二世紀後半から十六世紀後半にかけての遺物で当時としては高級な器物を多く含むものであり、その点からもこの堂院跡は主要な堂院であったことが知られるのである。

このように種々の堂院を含んで敏満寺は形成されていたのであり、Cゾーンの遺構は町屋跡ではなく敏満寺の堂院や宿坊跡であろうと考える。この敏満寺の丘陵はすべて敏満寺の堂院・坊であったと推定されるのである。

葬られていたのは？

石仏谷墓跡の被葬者、営墓者についてを具体的に示すものは発掘調査や記録などで検出されていない。ここでは発掘調査で得られた情報や文献資料を通じてこの石仏谷墳墓の造営者、被葬者を考えてみよう。

二つの墓跡

石仏谷墓跡には様々な特徴がある。まずそれをみてみよう。この墓跡は二つの大きな区域に分けられる。その一つはA区と名付けられた墓跡を中心とする北側の地域であり、一つはG区と名付けられた墓跡を中心とする南側の地域である。この二つの区域はその間にある崖によって隔てられるが、より上部、東側ではその崖がなくなり同一面化する。石仏谷墓跡が造られ始めた時期の当初の墓はその入り口部に造られた二つの墓跡、A区1号墓とG区墓跡（図28）である。この二つの墓はそれぞれ下の堂舎跡からの登り口の入り口部にあたることやその規模、形態、出土した陶磁器などからそのように考えられるのである。

A区1号墓は類例の少ない長大な塚（八×二一メートル、高さ五〇センチ）を当初から築き、その頂部に蔵骨器を埋置する。その表面を石灰岩の小型の川原石を選択して混じらせ、美化と強固化（白く輝きセメント効果による固化）を計っている。さらに、この墓跡は長大な塚を一気に造るだけではなく、その前面にある石垣、あるいは、道路なども併せて造成している。そのほかこの墓跡の南側は墓跡のない平坦面になっており、小型の小堂が建てられていた可能性がある。また、この地域には下の堂舎跡から登る道があるが、その道はその堂舎跡の造成の際に削り残して造られたもので、そのことから下の堂舎跡を造成するに際し石垣などと同時に造られていることが考えられる。

G区墓跡は崖を大きく削平しその境に溝を設け、平面に方形の区画を造りその内部に土坑を設けたり、蔵骨器を埋めたりして葬る形である。この墓跡にはやはり、その上方・東側には小堂が建てられていたとみられる平坦面があり、また、下の方形の堂舎跡から通じる道跡がつけられているが、ここでも下の堂舎跡を造成する際にその部分を削り残す形で道がつけられる。A区1号墓と同様にその堂舎の造成と共にこの墓跡が計画されていたとみられる。A区1号墓の北側同一平面に造られている堂舎跡との境には巨大な結界石が配置されるなど、この墓跡と南谷の堂舎跡との一体感が認められる。

この二つの墓跡のうちA区1号墓は不明であるが、G区墓跡は十六世紀まで埋葬が行われている。

特殊な形の墓跡

石仏谷墓跡ではこの二つの墓跡以降、別の形態の墓跡が造られる。それは斜面型ともいうべき特殊な形態の墓跡である。この形式の墓跡の基本的な形態は斜面を部分的に削平しそこに平坦面を造り、その平坦面から下方の斜面にかけて薄く土を盛り、その平坦面には小型の川原石を疎らに敷き詰め、壁際には石仏などの石製品を奉斎する。また下部の斜面には小礫や微小礫を表面に混ぜ二〜三個の蔵骨器を埋置するものである。また、この蔵骨器が浅く埋置されるのも特徴的で、それのほとんどの肩部以上が失われるかあるいは、胴部内に落ち込む形で検出されるのであり、そのことからその肩部から口頸部は石などで覆って埋置されていた可能性が高いと考えられる。そのことは発掘調査以前の表面表採で多くの蔵骨器の破片が得られたことの一因ではないかとみられる。この斜面型墓跡は全国的に類例のないきわめて珍しい形式の墓跡である。この形の墓跡がこの墓地跡ではA区1号墓、G区墓跡以外で採用されており、普遍的なものとなっている。

発掘調査したこの形の墓跡のうちF区墓跡はA区1号

墓に続く時期の墓跡とみられるが、ここでもこの斜面型に造られており、C区、B区墓跡（図29）より古い段階からこの形のものが造られていることが判明する。F区墓跡では壁際に石仏は建てられておらず、石仏や一石彫成五輪塔の奉斎はこの後の段階の墓跡であることが判る。なお、G区墓跡ではより新しい時期に石で囲って石仏を奉斎する形が採用される。

墓跡の規模そして時代

墓跡の規模が大きい点も特徴の一つでありその墓跡が、通常は一つの核となる墓に付随する形で連綿と造られるのに対し、ここでは一つ一つの墓跡が単独で造られるという形にも特色がある。この点で調査前にはきわめて多数の墓跡が造られていたとみられていたが、調査で判明した墓跡の規模や石のまとまりなどからみると五〇〜六〇基ほどの墓跡ではないかと推定されるのである。

これらの墓跡あるいは表採では多くの陶磁器や石仏などの石製品が出土している。そのうち蔵骨器として使われた陶磁器は六世紀後半の須恵器から連綿として十六世紀にいたるものがあるが実際に使われた年代と製作された年代には時間差があるとみられ、これをもって墓跡の年代を当てはめることは慎重にならねばならない。また、石仏や一石彫成五輪塔はほとんどが十五世紀後半から十六世紀にかけてのものであるが、それがあることがそのままその時期の墓跡を表すとは限らない。それはこれらの石製品がその墓の後代に追加されて奉斎された可能性があるからである。

こうしたことから墓跡の年代を推定することはかなり困難であるが、一部の墓跡に土師器の小皿が副葬もしくは墓前での祭祀品として出土することがあり、土師器という消耗品としての性格から制作・使用の年代差がほとんどないと考えられることから実年代を推定する有効な手掛かりとなりうる。ただ、土師器の小皿についても墓の再整理の際に追加されて使用されることも考えられ、その出土状態に注意が必要である。この土師器の小皿が多く出土したG区墓跡でみれば、十二世紀末〜十三世紀前半がその最古のものであり、G区墓跡がこの石仏谷墓跡の当初のものとみられることから、十二世紀末から十三世紀前半がこの石仏谷墓跡の創始期であったといえ、石仏などから十六世紀後半が終焉期であったといえるであろう。

因みに、この石仏谷墓跡の北東・上段に江戸時代の記名をもつ無縫塔を含む石塔を墓石として建てる墓跡がある。敏満寺が滅亡した後に建てられた福寿院の歴代の住職のものであるが、戦国末から江戸時代初期の空白を経てこの地に墓が造られるのである。石仏谷墓跡後の僧侶集団がこの地を再利用しているのである。その時期にはこの地が墓所として記憶されていたのである。

石仏谷墓跡の特徴、そして葬られたのは

この墓跡の特徴は以上のようなものである。これを要約すれば、①十二世紀末頃から造られ始めた墓跡であり、②それは南谷の堂院と同時期にそれと共に造られたもので、③当初は二系統のものであり、④その墓は以降も同じ位置で連綿として造られ、⑤それ以外の墓跡は山を登りつつ斜面型と呼んでいる特殊な形態に造り、一基に二～三個の蔵骨器を埋置する、⑥一基あたりの規模が大きい、⑦その数は多くて五〇～六〇基ほどであり、⑧墓跡の終末は十六世紀後半である。というものである。

この②の内容から石仏谷墓跡は南谷の諸堂に深い関連を有する墓跡であることが考えられる。この南谷には上述の通り藻壁門院の御願寺である西福院が造立されており、それは門院の生没年（一二〇九～一二三三）中で十三世紀前葉であり、この石仏谷墓跡の形成期と符号する。こうしたことから、その当初の墓跡であるA区1号墓、G区墓跡はこの二つの墓が他の墓と異なり継続して使うことを前提として造られていることから、それぞれ西福院の、特にA区1号墓はその規模、形態からみてその西福院の主要な人物を葬った施設であった可能性が強いと考えられ、G区墓跡はそれに次ぐ堂院の主要な人々を葬るための施設といえよう。ただG区墓跡の当初の墓は小型の土坑墓で、木製の墓標が建てられ、その内部に骨が残っていないことから火化されない土葬であった可能性が高く、小柄か若年の人物であった可能性があり、それがどのような事由によるものか明確ではない。

この二つの墓跡以外の墓跡については、⑤の内容、墓の造り方に一定の規則がありさらに、⑥や⑦から多くの人々がこの地に埋葬されていたものではないのであり、むしろ、限定された人々を対象としたことが判る。従って、これらの墓跡についても南谷の堂院の主要な人物のものと考えるべきであろう。

また、この墓跡には二〇〇〇体を超える石造品・石仏、

五輪塔、一石彫成五輪塔、宝篋印塔が奉斎されているがその何れにも五輪塔の五大種子の梵字以外には銘文が記されていないという特徴がある。このことは甲良町正楽寺墓跡においても多くの石造品が出土しているにも係わらずやはり、それらに銘文がないことがあり、この付近の寺の特徴である可能性もあるが、一方銘文を必要としない関係、奉斎する側とされる側にそれを刻む必要のないお互いがお互いを認識していた、つまり同じ南谷の堂院の者であることによる現象であるとも考えられる。

石工がいた?

因みに、これらの石造品は全て犬上川の川原石を原材に使用し大量であることからこの現地で造られた可能性が強い。それはまた、その制作者が敏満寺の僧侶中に存在したことを示唆していよう。それは著名な南都石工集団の一部に寺に帰属するとみられる氏名を持つ例えば菅原寺の菅原氏があることや、高野山絵巻に石工とみられる僧侶が描かれていることなどからの推定である。

以上からこの石仏谷墓跡は南谷の堂院の主要な人物を対象とした墓跡であろうとするもので、在地の有力者、富裕な階層、あるいは、民衆などの墓跡ではないと考えられる。主要な人物としたのは蔵骨器を用い、石仏を多量に奉斎した数的に限られた墓跡群であることによる。この時期のより低位の階層の墓跡とみられるのは例えば多賀町楢崎遺跡の土坑墓（図21）などがあり、さらには京都の鳥辺野などにみられる墓を造らない放棄による葬法もある。

もう一つの被葬者像

ただ、ここで問題なのはA区1号墓とG区墓跡以外の墓跡の歴然とした形態の違いである。前者は明らかに連続して使われることを想定して造られるのに対し、後者はD区墓跡以外はそれほど多くの使用期間を想定していないことであり、さらにD区墓跡ではほとんど規則性もなく蔵骨器が埋置されていることからこの墓跡は一時的に大量の人物を葬るために造られた可能性があることであり、さらに、石仏谷墓跡全体では奉斎されている石仏、組み合わせ式の五輪塔以外の一石彫成五輪塔などの十五〜十六世紀の石製品が膨大な量にのぼることであり、その時期がA区やG区墓より新しい時期のものであることである。特に新しい時期のものとして、C区の墓跡は石仏一二体をその墓の構成要素として奉斎しており、B区墓跡では埋納された蔵骨器のうち瀬戸の製品は十五世紀後半のもので使用痕がないものであることから制作時期と使用時期に差がないものとみられることから、十五世紀末から十六世紀の石仏谷墓跡全体で新しい時期のものである。

そのような時期にこうした特殊な形態の墓を造ることを考えると、これらの墓跡は特殊な事情により形成されたものとも考えられる。それは当時の敏満寺が多くの兵火、闘諍の状況にあったことである。つまり、これらの特殊な形態の墓跡はその結果生じた死者を葬る施設として造られたものである可能性もあるとみられる。石製品の異常な多さはあるいは、このような事態にたいする鎮魂の意義があるのかもしれない。ただ、この場所でも全ての墓跡がそうであったとは断定できないのである。

敏満寺は都市であった

以上、敏満寺が近江における北陸や東国との物流の要衝にあること、丘陵上の諸施設は全て敏満寺の堂院・宿坊であること、石仏谷墓跡は南谷の堂院の主要な人々の限られた墓跡であることを記述してきた。ここではそれを踏まえ、この敏満寺が都市であるのか、その可能性を考察してまとめとしよう。

敏満寺は朝廷や幕府などその当時の権門から帰依をうけ、その種々の営料として寄進されたり、あるいは、買得して大きな荘園領主として存在したことは明らかで、他の寺院の多くがそうであったように金融活動を行っていたとみられる。他に先の街道を押さえていたとすればその関銭の徴収があり、当然その物資の貯蔵や集積、管理などの活動、舟運があればその運送活動が考えられ、また、足利直義の感状（直義から先の戦におけるその軍忠に対する感謝状）や砦の存在などにみられるように武装集団であり、また先にみた堂院跡、砦跡の造成などの土木作業や石仏を制作した可能性などの技術を保有していること、近江猿楽彌満寺座などの芸能活動、交通路や参詣に伴う宿坊の存在があり、このような諸活動は現在の寺院の構成者とかなり異なるようにみられるが、当時の僧侶は在俗の人々と殆ど変わりなく、ただ一山内に拠点をもつことが僧侶として考えられていたのであり、その本来の形である思想・信仰の面での活動、舎利信仰の中心地であったなどいずれもこの近江東部の中心として存在していたことは疑いなく、中世の僧は現在私達が考える姿ばかりでなく通常の人々と同じような姿を含んだものであり、人々が集在し物資が集在する形は都市の景観であり、疑いなく敏満寺は都市であったと考えられるのである。

付言すればこの敏満寺や百済寺、金剛輪寺などの寺院に代表される本堂に向けて基幹道がつけられその周縁に堂舎が建ち並ぶ形を湖東型と呼称することがあるが、例えば湖北の弥高寺や福井県の平泉寺、福岡県の大宰府の山中寺院など同様の形態の寺院が全国的にあるのであり、それらは全て比叡山系の天台寺院であることからみて、叡山系寺院と呼称すべきであろう。

《注》

（1）名神高速道路〈多賀サービスエリア〉改良事業に伴う発掘調査報告書『敏満寺遺跡』二〇〇四年。

（2）「敏満寺遺跡発掘調査現地説明会資料」多賀町教育委員会二〇〇五年。

《史料一覧》

【史料1】『天台座主記』仁安二年（一一六七）
東塔衆徒以仏院政所并小谷岡本為城郭
西塔構城郭於塔下
自東塔寄戦西塔之間塔下城郭落畢
城郭等引却了

【史料2】『平家物語』治承二年（一一七八）
学生、大納言ガ岡ニ城郭ヲ構テ立籠ル。八日、堂衆登山シテ、東陽坊ニ城郭ヲ構テ、大納言ノ岡ノ城ニ立籠所ノ学生ト合戦ス。

【史料3】「下行帳」（『百済寺古記』所収）
大永元年（一五二一）
四斗五升
大手要害庭使日中料七十五人分下山本兵衛三郎下　九月三日札

【史料4】『船田後記』明応四年（一四九五）
江州大守佐々木政高進師千弥高山

【史料5】『今井軍記』
明応五年六月治部少輔殿御出陣とき中務少輔《京極政高》殿弥高寺にまします御時

【史料6】『真宗懐古鈔』
宛モ大国ノ城郭ノ如ク美々布霊場

【史料7】『御文』文明五年（一四七三）八月二日
かかる要害もよくおもしろき在所

【史料8】『経厚法印日記』天文元年（一五三二）九月三日
山科本願寺ノ城ヲワル《破》トテ、柳本衆罷向云々。

【史料9】『信長公記』天正八年（一五八〇）
加賀国より城作を召寄せ、方八町に相構へ

【史料10】『天文日記』天文六年（一五三七）一月二十一日
城作勾当城木会候

天文二十一年（一五五二）三月十日

城を作り松田罷帰候間、五百疋・梅染三端遣之

【史料11】『正木文書』（『胡宮神社史』所収）

元亀三年（一五七二）

当山ト比叡山ト一味同心致シ候テ、（中略）当山モ弐万三千石ノ内弐万石捧ケ可申旨被仰越候へ者不承引ニ付小面倒なるもの也と申テ焼払ハレ段、云々

【史料12】「長吏坊政所下文案」（『敏満寺目録』所収）

天治二年（一一二五）三月

長吏坊政所下　　平等院領

敏満寺　限東山路、限南鷹辻越、限西鳥居下相木大道、限北寺登路

右件四至内在家敷地山林荒野等、依レ為霊験之聖跡、国衙之時不レ勤公役厳免已畢、成平等院領之後、任旧例同雖レ被奉免未レ賜政所御下文、仍住僧等任申請所仰定如レ件、座宜承知、依件行之、故下、

天治二年三月　日公文大法師在判

別当法眼和尚位在判

法橋上人　在判

大法師　在判

【史料13】「堂塔鎮守目録」（『敏満寺縁起』所収）

年月日未詳

注進　当寺堂塔鎮守目録所

本堂七間本尊大日並観自在号　三重塔婆一基本尊五智如来

如法堂一宇三間　観音堂本尊十一面

常行三昧堂三間四面本尊阿弥陀　法華三昧堂本尊丈六阿弥陀

五大尊堂不断護摩　千三昧堂一間四面本尊阿弥陀

食堂本尊文殊　楽屋七間

一切経蔵一宇三間　宝蔵一宇三間

楼門一宇　大湯屋七間

鐘楼一基　木宮両社拝殿九間

新熊野十二所拝殿五間　白山権現

天満天神北野　八大龍□

南谷

西福院七間本尊阿弥陀三尊并不動毘沙門　同多宝塔婆一基本尊五智如来

観世音堂七間本尊十一面　同勧（鎮）請守十二所権現

極楽寺三間　地蔵堂一間四面

権現堂一間四面同廊愛染堂　往生寺本尊阿弥陀三尊
上林寺本尊文殊　来迎寺本尊阿弥陀
光照寺本尊阿弥陀　釈迦堂

西谷

西迎院三間四面本尊阿弥陀三尊　同地蔵堂本尊千躰地蔵
同多宝塔本尊尺（釈）迦多宝　仏上寺本尊同阿弥陀三尊
谷堂三間本尊弥陀　地蔵堂三間
延命寺五間本尊阿弥陀　浄上寺三間四面本尊弥陀
同大日堂　同薬師堂
同鐘楼　同光寺五間本尊阿弥陀
同方丈如法堂　光明寺一間四面本尊不動弥陀

尾上谷

丈六堂本尊丈六阿弥陀　同如法堂三間
西明寺千躰地蔵　西円寺三間四面本尊千手
観音堂本尊十一面　同如法堂
地蔵堂本尊千躰地蔵　権現堂
大円寺本尊地蔵　円性寺本尊阿弥陀

敏満寺目安写

右大吉祥院僧正　良尊御代

【史料14】『申楽談儀』年月日未詳

近江《あふみ》は、敏満《みまじ》寺の座《ざ》、久《(ひさしき)》　座也、

【史料15】「重源仏舎利寄進状」

建久九年（一一九八）十二月十九日

奉送　敏満寺

東寺御舎利一粒　弘法大師請来

金銅一尺三寸五輪塔内方二寸水精玉中奉納

以両面赤地錦裹之

金銅蓮台之左羅一口

同加比一支

織物打敷一帖

右以件仏舎利相具以前舎利可被安置当寺候、是真実之仏舎利也、不可有疑殆、若加偽言者必可堕妄語罪候、早重賢察可被致恭敬供養候之由可令伝申衆徒御中給候、恐惶頓首敬白、

建久九年十二月十九日大和尚（花押）

謹上　木幡執行御房

【史料16】『大乗院寺社雑事記』

文正元年（一四六六）十二月十八日条

就江州未米寺（敏満寺）事、自山門可発向京極入道亭之由、種々及訴訟之間、京都与江州通路一向不叶

【史料17】「後土御門天皇綸旨案」（宣秀御教書案『大日本史料』八―二八）

当寺領漏野《モルヤ》事、可為五三昧所之由、被聞食畢者、天気如此、悉之以状、五ノ字不可然、無常三昧所トアルヘキ歟、後日案之記之、

長享三年六月廿六日　左少弁（中御門宣秀）判 表同判也、礼百疋沙汰之、

敏満寺衆徒中　自二尊院（恵篤善空）執申、民部卿（白川忠富）伺申、以使者伝仰、五三昧所トハ葬所事也、

敏満寺は中世都市か
―まとめに代えて―

仁木　宏

中世都市とは何か

私たちは、古代の都市といえば、平城京や平安京などの都城を思い浮かべ、近世の都市といえば城下町を代表としてあげることができる。では、中世都市とは何か。どのような要件がそろっていれば、中世においては都市とよべるのか。

こうした問題について、近年、言及した例として、石井進の指摘がある。石井によれば、都市とは、（1）人口の集積地、（2）第二次・第三次産業、すなわち商工業や交通・運輸、金融業、そして「公務」等々に住持する人々が優越、（3）広域的なコミュニケーションや交通のネットワークの中枢となっている集落、であるという（石井二〇〇五）。

石井の指摘は、必ずしも中世に限定してなされたものではないが、中世都市の要件を考える際にとても重要な指標を示唆したものといえるだろう。

本稿では、シンポジウムで論じられた論点を再確認しながら、中世敏満寺について何がどこまでわかったのか、これから何を明らかにしなければならないのか、可能な限り明快に提示することとしたい。そして、敏満寺を中世都市とよんでいいのか、という結論に少しでもせまることができればと考える。

近世・近代の地名から中世を復元する

敏満寺の全体的な構造を論じた史料としては、十二世紀前半の様子をあらわす史料13がある。これによると敏満寺は、本堂を中心とするエリアと、南谷、西谷、尾上谷の合計四つのエリアからなっていたことがわかる。従来、これらの地名と、近代の地籍図にみえる地名（口絵10）は直接、結びつけて考えられてきた。すなわち、本堂を中心とするエリアは小字「胡宮」、西谷は小字「西谷」にそれぞれ対応するとされる。西谷にあった薬師堂が小字「薬師谷」に継承されたとする説もある。南谷にあった西福院は小字「西福寺」に継承されたと考えて、南谷は小字「南谷」と「西福寺」にあたると想定されている。さらに尾上谷は小字「北谷」にあたるとされる（根拠不明）。

しかし、《北院坊地区》の小字には、この他にも「風呂谷」、「寺屋敷」などがあるが、これらについては説明されていない（榎原雅治によれば、阿弥陀・薬師・旦過・風呂で結界するのが中世都市空間の一つの理想像だという（榎原二〇〇四）。また史料13によると、本堂を中心とするエリアには、本堂や木宮（胡宮）の他、三重塔や大湯屋など多数の堂舎が建ちならんでいたはずだが、これらが建っていた領域として小字「胡宮」だけではあまりにせますぎる。さらに、小字「北谷」は急斜面であり、とても尾上谷の十以上の堂舎が建つとは思えないなど、疑問も多い。

中世の地名と、近代の小字名を直接、結びつける方法は危険性をはらんでいることを忘れてはならない。なぜなら地名は動くものであり、淘汰されるものである。また一般に、近世段階にあった多くの地名を取捨選択して、近代の小字は再編成されたものだからである。

「青龍山敏満寺　胡宮大日殿福寿院来由記」（寛政九年（一七九七）成立。『胡宮神社文書』。勝田論文で引用、本書94頁参照）には、天正元年（一五七三）に再造された院坊の所在地名として北谷（組）、西谷（組）、南谷などが見え、「西谷組」は「寺辻西側」、「北谷組」は「寺辻北側」に位置したとする。

ところが、この史料では、「西谷組」の遣道院が「二王門ノ西ノ方」にあったとされる。この「二王門」は、名神高速道路建設の際、発掘された門（跡）にあたると思われるので、遣道院は小字「南谷」の範囲か、敏満寺集落の中に位置したことになる。また医王院は「西谷ノ内、字水船」にあったとされるが、小字「水舟」は敏満寺集落の中ほどにあたる。これらの記述は、西谷が、小字「西谷」とは全く範囲を異にし、南北にのびる平坦面の西寄りから段丘下にかけてひろがっていた可能性を示唆する。一方、同じ史料では、月定院が「風呂谷ノ下、横道より寺辻北側」にあったという。この風呂谷が小字「風呂谷」ともし一致するならば、「寺辻北側」には小字「丸山」付近がふくまれたようにも見える。

以上からすれば、「寺辻」を現在の胡宮神社の北麓で、小字「風呂谷」と「丸山」の境界部分に比定し、西谷は小字「西谷」「背戸山」「寺屋敷」「薬師谷」「風呂谷」から「西福寺」の一部にまでおよび、北谷は小字「北谷」「丸山」から「谷田」の一部にいたると想定できるだろう。

いずれにせよ、地名を手がかりに中世敏満寺を復元しようとすれば、このような近世史料を活用することが是非とも必要なのである。

石仏谷墓群の被葬者は誰か

主要伽藍が建ちならぶ《本堂周辺地区》については、本シンポジウムではほとんど話題にならなかった。敏満寺の中心部なのに、これまで発掘調査や測量・縄張調査がおこなわれておらず、検討する素材に欠けるからである。敏満寺の実像を解明するためには、今後の調査が期待される。調査によって、これまでの敏満寺像を一変させるような成果があがるかもしれない。

石仏谷墓群の性格をめぐって、シンポジウムでは活発な議論がかわされた。

蔵骨器（骨蔵器）として使用された土器・陶磁器（甕《かめ》や壺）の製造された年代については、多少の異論はあるものの、十二世紀にはじまり、十三ないし十四世紀がピークで、十五世紀末には終息すると理解する点では一致している。これは、こうした土器類を蔵骨器とする墓が築造された時代がいつ頃であったかを物語っているといえよう。

しかし、それらの墓の性格をめぐっては意見が分かれた。松澤氏は、石仏谷墓群のA区の墓に注目した。そして、A区からのびる道がつながる南谷の坊舎とA区の墓は同時にできたと考えられるとし、石仏谷の墓はすべて南谷地区の僧侶のものだとする。また石仏谷墓群の墓の構造は特殊なもので、これは固有の集団

（南谷地区の僧侶集団）が代々独占的に使用していたことを示すとして、自説を補強する根拠とした。

これに対して鋤柄氏は、A区の墓とその下の坊舎群を結びつけるだけでなく、その先に南大門（仁王門）から大門池を見通している。ふりかえれば青龍山もあることから、石仏谷墓群は、大門池と青龍山を結ぶ直線ルート上に設定されたものであるとする。そして、奈良時代の東大寺以来の関係で、十五世紀までの石仏谷、さらには敏満寺を考えなければならないとする。また墓の形式には他国の特徴を示すものがあり、他地域の人が埋葬されている可能性にも言及した。

石仏谷には、その名前の通り、たくさんの石仏や一石五輪塔が立てられている。それらの大半は十五世紀末から十六世紀に作られたものだと考えられる。これは蔵骨器の年代とずれる。すなわち、蔵骨器をともなうような墓が作られなくなる十五世紀末になって、今度は多数の石仏・五輪塔が石仏谷にあらわれるのである。

普通、こうした石仏や五輪塔は死者を供養するためのものであることから、それらの存在が墓地であることを示すと考えられている。しかし、石仏谷には、土器をはじめ、十六世紀の遺物はきわめて少ない。このことはどのように説明されるのであろうか。

高田論文がきわめて興味深い推測を加えている。敏満寺が十五世紀末、「漏野」（守野）に五三昧所（火葬場）を開設しようとしているが、そこで火葬された骨が石仏谷に持ち込まれて、共同納骨用に埋設された大甕に投入され、それとは別に供養のための石仏や五輪塔がその周辺に立てられたのではないかというのである。

また、火葬骨を土器などの蔵骨器に入れず、布袋などに入れて石仏や五輪塔の下に埋めたならば、長年の間に袋も骨も溶け出してしまい、考古学的には検出されない可能性も指摘している。

高田氏はさらに、近江各地の事例を検索し、十五世紀末以降、敏満寺が寺院興隆の一施策として墓所や火葬場の経営（いわゆる「葬式仏教」化）に乗り出していたのではないか、とも推測している。だとすれば、そうした火葬・墓所の需要を支える社会的基盤の存在が必要となる。そこで思いおこされるのは、高田氏も言及されている遠江国一の谷（静岡県磐田市）や相模国由比ヶ浜（神奈川県鎌倉市）の中世墳墓群である。これらの墓地は、それぞれ見附、鎌倉という都市を基盤に巨大化したと推測されている。だとすれば、敏満寺の場合も、周辺の郷村だけでなく、石仏谷に大量の火葬骨を供給するような都市的な場が近隣に成立していたのではないか。それこそ、敏満寺境内北側の平坦地区への人口集中ではないか、と考えられるのである。

十五世紀末までと十六世紀以降で、石仏谷墓群の性格が転換したのではないか、という点については、細川氏、鋤柄氏も言及されている。勝田氏も論文の中で、二尊並座の石仏がすえられた夫婦の墓が多数存在することから、この時代の墓を「民衆の墓」と考えている。また、久徳・高宮・高野瀬にいたる信仰圏の広がりと、石仏谷墓群の被葬者の出身範囲が重なる可能性にも言及している。松澤氏は、石仏や五輪塔は後代に外から持ち込まれた可能性を否定できないとし、石仏谷はあくまで僧侶集団の墓所であるとしているが、やはりこうした解釈は難しいであろう。

《北院坊地区》の遺構と住人

名神高速道路建設以前には、敏満寺の寺域の北部にあたる平坦部地区（北院坊地区）の中央を、多賀道から胡宮神社への参道が一直線にのびていた。発掘調査の結果、これと直交する中世の道路が複数本みつかったことから、この直線的な参道が中世においてはこの地区の中心的な道路であることが明らかになった。

平成十二年、㈶滋賀県文化財保護協会がおこなった発掘調査区の北端付近で、堀と土塁基底部が発見され、そこまでが一定のまとまりをもつ地区であることが明らかになった。調査の結果、その内部は、さらに北部と南部の二つの地区にわけられた。

この調査区においては、一辺一〇メートルから四〇メートルの方形の区画が比較的整然と配置されていたが、南部（図17）では、区画と区画がおもに土塁を境界としていた。こうした明確な境界装置をもつことから、南部は、その南の《本堂周辺地区》からつづく院坊跡であると考えられた。

評価が分かれたのが調査区北部（図18）である。こちらは、一つ一つの区画が南部地区より小規模で、境界にはたいてい溝が掘られているだけであった。また、埋甕遺構や特殊な水溜遺構も発掘された。大量の埋甕が整然とならぶ遺構は全国各地で発掘され、染色のための材料、油、酒などの貯蔵施設と一般に考えられている。それ故、これらは院坊ではなく、職人などの工房施設ではないかとされた。そして、中央の直線道の両側に展開する町屋であるとの評価がなされたのである。

これに対して松澤氏は、敏満寺の埋甕は、他地域とちがって屋外に設置されていることから、これらは水溜であったとした。《北院坊地区》には井戸が少なく、特殊な水溜施設とされるものもふくめ、生活用水を確保するためのものであり、これらを工房とみなすことはできないと考えた。また、調査区の北部にも土塁囲みの区画もあり、南部の院坊との性格の差異を認めることはできないとしている。

町屋（町家）といえば普通、商業を営む家か、屋敷内でものづくりをしながら道路側でその生産物を販売するような建物をイメージする。そうした意味からいえば、直線道路の両側に区画がきれいにならぶことだけから、北部の各区画を町屋と認定することには無理がある。しかし、土塁の多寡や埋甕施設の存否など、調査区の北部と南部で明らかにその性格にちがいがあることも否定できない。南部が、比較的純粋な宗教生活の空間であるのに対し、北部の区画にはさまざまな生業の痕跡が刻みこまれているのである。

なお、調査区北部の北端に堀が発見されたため、堀より北側には顕著な遺構はなかったかのような考え方もある。しかし、堀より北側では発掘調査がなされていないだけであり、未調査だからといって空間構造を考える際に念頭に置かなくてよいわけではない。当該地で胡宮神社の参道はゆるいカーブを描きながら多賀道の方におりてゆく。参道の西側は多賀村の小字「四ツ屋」となっている。まさに敏満寺と多賀社の接点にあたる部分であり、より複雑な性格をもつ居住区が展開していた可能性もある。あるいは、周縁の市庭の可能性も視野に入れておく必要があるだろう。

ところで、前川要氏は、（1）V・G・チャイルドが示した都市の認定基準十ヵ条のうち、三ヵ条（①人口の集中、②非食料生産者の存在、④記念物・公共施設の存在）が中世都市かどうかを判断する基準となる。（2）敏満寺の場合、《北院坊地区》の調査区北部の建物は町屋的遺構であり、直線道路や都市計画の存在から、ここは十四世紀から十六世紀前半頃に「都市」となった。（3）十六世紀後半には、敏満寺城や調査地北部で発掘された土塁・堀などは、寺域全体を囲む惣構として機能した、などとしている（前川二〇〇五）。しかし、（1）どうしてこの三ヵ条のみを採用するのか、説明を欠くこと、（2）先述したように、町屋的遺構という評価が適当でないこと、（3）寺内町などにみられるような惣構とは性格を異にすることなどから、敏満寺を「都市」とする前川氏の議論はそのままでは採用できない。

これに対して、講演の中で中井氏は、敏満寺城は中世の山城の延長に位置づけられるとし、寺内町とは別のタイプであると明確に規定した。また、藤岡氏の論文は、中世寺院遺構をさまざまな指標から丁寧に分類したもので、今後、寺院集落を分析してゆく上で大いに参考となるものである。

敏満寺の寺域で最大の面積を占める《北院坊地区》の内、発掘調査されたのは、ごく一部にすぎない。実際には、現在、名神高速道路の道路敷になっている部分にも寺域は広がり、敏満寺城付近まで院坊群が建ちならんでいたと考えてよいだろう。かなり広大な面積であり、そこに住む人口もかなりの数であったにちがいない。僧侶だけでなく従者などもふくめれば、二千人程度の人口を予想するのも的はずれではないだろう。

この《北院坊地区》の住人の性格についてもさまざまな意見が出された。中井氏は討論で、寺域内に住んでいるのはすべて僧侶であり、俗人（村人）の存在を想定することは難しいのではないかと述べた。しかし、藤岡氏が討論で述べられたように、グレーゾーンと表現するのが正確であろう。

一つひとつの院坊には、中心となる僧侶たちの他に、従者たちも暮らしていた。彼らのうちのいく人かは出家していたであろうが、なかには俗人のまま従者として院坊に住まいしていた者もあったにちがいない。中世においては、僧侶と俗人の境界はかなりあいまいであり、明確に区別することはできないのである。

こうした従者の中には、主人である僧侶に仕えるかたわら、院坊内でものづくりに従事するものもいたであろう。本来的にはその院坊や敏満寺全体の需要に応じるための生産活動であったろうが、生業が高じて技術をみがき、生産力をあげたならば販路を敏満寺の外に求めるようになったとしても不思議ではない。また、商業的な才にたけてお金儲けに成功したならば金融業を営んでいたかもしれない。こうした院坊は、調査地北部に限らず、調査地南部や《南院坊地区》にあってもよいのである。

院坊内で生産された製品などが、多賀社の門前町（後述）で売買されたり、振り売りによって周辺の農村社会に供給されたりしていたならば、敏満寺は商品の加工・生産の場ということになる。敏満寺は、生産や商業・金融などの側面において、地域における一つのセンターの機能を有していたことになり、これを都市とよぶことも可能であろう。なお、室町・戦国時代の近江国における寺社と地域社会とのかかわりについては宮島敬一氏のすぐれた研究が参考になる（宮島一九八九）。

敏満寺城・敏満寺村と多賀社

敏満寺城の詳細については、先の著書（多賀町教育委員会二〇〇三）で中井氏が詳細に分析している。敏満寺城の崖下付近に小字「新谷《しんがい》」があり、ここが新谷氏の本拠地と推測されていることから、敏満寺城を新谷氏の城とみなす見解もある。これに対して中井氏は、敏満寺城の城郭構造のレベル・巨大さからいって、在地の一勢力がこれほどの城を築くことは考えにくく、あくまで敏満寺を守るための城郭であることを論じた。従うべき見解であろう。

しかし、このこととは別に、従来、敏満寺を考える際、《本堂周辺地区》、《南院坊地区》、《北院坊地区》などだけで説明が完結し、すぐ西側に隣接する敏満寺村との関係を考察することがなおざりにされてきたきらいがあった。たとえば、図15では、敏満寺村も「水田的景観」にふくまれてしまっている。

近世の敏満寺村には、近江猿楽の一派である「みまじ座」が存在した。「みまじ」には、「未満寺」とか、「敏満寺」の字を宛てることができるだろう。中世においては、敏満寺ときわめてつながりの深い芸能集団であったと推測される。このような芸能集団をかかえることができる敏満寺は、かなりの資力をもつとともに、地域社会における中心地としての機能をはたしていたことを推測させる。また敏満寺村が、そうした敏満寺とつながる芸能民の居住地であったこともまちがいない。

敏満寺村には新谷氏という土豪（在地領主）がおり、代々、敏満寺や多賀社の要職につく家柄だったという記録がある。紀伊根来寺の場合、各院坊に入った僧侶は隣接する和泉国の土豪層の子弟だったことが明らかにされている。敏満寺についても、勝田論文が明らかにしたように、新谷氏以外にも周辺の国衆・土豪の多くが敏満寺と関係をとり結んでおり、おそらく同じであったのだろう。

すなわち、地域社会を構成する村々の有力者が、子弟などを敏満寺に送り込んでいたのである。その当初の目的は、土豪の家の菩提を弔うことであったと推定されるが、時には、土豪が集積した土地を院坊に寄進することで徳政を逃れようとすることもあった。院坊そのものが金融業者としての役割を果たすこともある。だとすれば、敏満寺は、やはり地域社会の中心地としての機能をもっていたといえるだろう。

敏満寺と多賀社の関係については、従来、多賀社研究のなかで論及されてきた。もともと両者は異なる宗教勢力として展開していたが、室町時代以降、多賀社の勢威が増すなかで、敏満寺が多賀社の系列下に編成され、胡宮社が多賀本宮の別宮と位置づけられるようになったとされている（景山一九七二・久保田一九七二）。

しかし、両者の関係は空間構造分析においては案外、注目されてこなかった。十六世紀後半から十七世紀に描かれた、多賀社の参詣曼荼羅（三種）には必ず敏満寺が描かれており（口絵5・6参照）、中世後期において両者が密接な関連にあったことはまちがいない（景山一九七二）。敏満寺の《北院坊地区》を貫通する直線道路は、多賀社参詣のメインルートである多賀道から発している。そこから多賀社の門前町（近世）の西端までは数百メートルの距離しかない。多賀社の門前町はもちろん多賀社に所属するものである（宮島一九八九）が、敏満寺と多賀社が密接な関連にあった中世においては、両者に共通する門前町としての機能をはたしていたのではないだろうか。一つの宗教施設に門前町が一つしかないと考える必要もないし、一つの門前町は母体となる宗教施設が一つであるとみなす必要もないだろう。

だとすれば、敏満寺の空間構成は、多賀社やその門前町との相互関係においても説明する必要があるのである。これらを一連の施設と考えて、全体としての都市的な性格を考察できるだろう。松澤氏が敏満寺に収斂するとして説明した交通路についても、敏満寺と多賀社を一体のものとして考え、そこに人や物の集散を保障する脈管系として評価できるだろう。

以上に分析してきたように、敏満寺は、経済・産業、宗教・芸能などの諸側面で地域の中心地としての機能をはたしていた。周辺村落とは、商業のみならず人的交流などの側面でも深い結びつきを有していた。また地域を貫通する陸上・水上の交通路を通じて、琵琶湖の水運や伊勢国とのむすびつきも想定されている。

このような地域社会における一大中心地を都市と呼んでさしつかえないのではなかろうか。

近江のなかの敏満寺

しかしなお、敏満寺の寺域内で顕著な商取引がおこなわれていないことを理由に、敏満寺を中世都市とよぶことに反対する意見もあるかもしれない。そこで、筆者は、当該期の大阪平野と近江国の比較論を試みた。たしかに大阪平野においては、戦国期においても港町、寺内町、城下町、宿町などが発達し、堺や大坂寺内町を中心に都市ネットワークが形成されていた。こうしたあり方は、近世都市につながるあり方だといえるだろう。

それに対して、近江国においては、そうした基準で都市といえるものは、大津・堅田の港町と、観音寺・小谷の城下町などに限られる。その代わり、街道上には多くの市町が成立し、商人は村落に本拠を置いて盛んに活動していた。このような近江国の特色をふまえるならば、かならずしもその地で商業取引がおこなわれていない所も都市的な場として評価できるのではなかろうか。

本稿の冒頭で紹介した石井進氏の指摘を思い出していただきたい。敏満寺は、中世都市としての（1）（3）の指標は十分クリアしている。（2）の第三次産業、あるいは「公務」に、宗教活動をふくめるならば、敏満寺はまちがいなく中世都市ということになる。

むしろ、その場で商業取引がおこなわれていなくても、政治・経済・宗教・文化など、総合的な意味で地域の中心地としての機能を発揮している場を都市と認定する、中世固有の新しい基準を確立するべきであろう。

敏満寺はまさにそうした意味で中世都市だったのであり、今後、中世都市像を豊かに描いてゆくための出発点となる貴重な事例なのである。

【参考文献】

石井　進　二〇〇五年　『石井進著作集』九、岩波書店、初出一九九四年
榎原雅治　二〇〇四年　「中世地方都市の空間構成」、服部英雄編『中世景観の復原と民衆像』花書院
景山春樹　一九七二年　「多賀信仰と多賀曼荼羅」『神道史研究』一八—五・六
久保田収　一九七二年　「中世の多賀大社」『神道史研究』一八—五・六
多賀町教育委員会　二〇〇三年　『敏満寺の謎を解く』（サンライズ出版）
前川　要　二〇〇五年　「中世近江における寺院集落の諸様相」『日本考古学』一九
宮島敬一　一九八九年　「戦国期地方寺社の機能と役割」『研究紀要（佐賀大学教養部）』二二

＊多賀社関係論文については、大高康正氏（帝塚山大学）に紹介いただいた。

《執筆者紹介》

仁木　宏（にき　ひろし）
大阪市立大学大学院文学研究科助教授
主な著作：『都市―前近代都市論の射程』（編著）青木書店 2002年、『寺内町の研究』全3巻（編著）法蔵館 1998年、『堺の歴史―都市自治の源流』（共著）角川書店 1997年

鋤柄俊夫（すきがら　としお）
同志社大学文化情報学部助教授
主な著作：「丹後成相寺の土器と陶磁器」『陶磁器の社会史』桂書房 2006年、「京の“鎌倉”―薬研堀・石鍋そして持明院―」『交流・物流・越境』新人物往来社 2005年、「中世西日本海地域の都市と館」『日本海域歴史大系』第3巻中世編　清文堂 2005年

中井　均（なかい　ひとし）
米原市教育委員会文化スポーツ振興課課長
主な著作：『近江の城―城が語る湖国の戦国史―』サンライズ出版 1997年、『城郭探検倶楽部』（共著）新人物往来社 2003年

細川涼一（ほそかわ　りょういち）
京都橘大学文学部教授
主な著作：『中世の律宗寺院と民衆』吉川弘文館 1987年、『中世寺院の風景』新曜社 1997年、『逸脱の日本中世』ちくま学芸文庫 2000年

松澤　修（まつざわ　おさむ）
前財団法人滋賀県文化財保護協会
主な著作：「粟津遺跡の縄文早期の出土について」『研究紀要　第2号』三重県埋蔵文化財センター 1993年、「信楽焼の編年について」『中世の信楽―その実像と編年を探る―』滋賀県立風土記の丘資料館 1989年

勝田　至（かつだ　いたる）
芦屋大学非常勤講師
主な著作：『死者たちの中世』吉川弘文館 2003年、『日本中世の墓と葬送』吉川弘文館 2006年

高田　陽介（たかだ　ようすけ）
東京女子大学助教授
主な著作：「葬送のにないて―中世非人の職掌との関わりから―」『史論』56　東京女子大学読史会々誌 2003年

藤岡　英礼（ふじおか　ひでのり）
財団法人栗東市文化体育振興事業団
主な著作：「中世後期における環濠集落の構造」『新視点 中世城郭研究論集』新人物往来社 2002年、「近江湖南における山寺構造の展開」『栗東・湖南の山寺をさぐる～忘れられた霊場の復元を通して』栗東市文化体育振興事業団 2005年

敏満寺は中世都市か？ —戦国近江における寺と墓—

2006年 8 月31日　初版 1 刷発行

編　者／多賀町教育委員会
滋賀県犬上郡多賀町多賀240-3
TEL.0749-48-8123　〒522-0341

発行者／岩　根　順　子
発　行／サンライズ出版
滋賀県彦根市鳥居本町655-1
TEL.0749-22-0627　〒522-0004

印　刷／サンライズ出版株式会社

ISBN4-88325-302-3 C0021